Schwabe reflexe

Band 68

Annemarie Pieper

Denkanstösse

zu unseren Sinnfragen

Schwabe Verlag

MIX
Papier aus verantwor-
tungsvollen Quellen
FSC® C083411

Bibliografische Information der Deutschen Nationalbibliothek
Die Deutsche Nationalbibliothek verzeichnet diese Publikation in der Deutschen
Nationalbibliografie; detaillierte bibliografische Daten sind im Internet über
http://dnb.dnb.de abrufbar.

© 2021 Schwabe Verlag, Schwabe Verlagsgruppe AG, Basel, Schweiz
Umschlaggestaltung: icona basel gmbh, Basel
Layout: icona basel gmbh, Basel
Satz: 3w+p, Rimpar
Druck: CPI books GmbH, Leck
Printed in Germany
ISBN Printausgabe 978-3-7965-4178-0
ISBN eBook (PDF) 978-3-7965-4227-5
DOI 10.24894/978-3-7965-4227-5
Das eBook ist seitenidentisch mit der gedruckten Ausgabe und erlaubt Volltextsuche.
Zudem sind Inhaltsverzeichnis und Überschriften verlinkt.

rights@schwabe.ch
www.schwabe.ch

Inhalt

Vorwort

Die Themenvorschläge für die in diesem Band versammelten Vorträge wurden in den letzten drei Jahren an mich herangetragen mit der Bitte um eine philosophische Klärung von Fragen, die das Verhältnis des Einzelnen zu sich selbst und den Mitmenschen betreffen. Verbunden war diese Bitte mit dem Wunsch, keinen akademischen Vortrag für Fachkollegen zu halten, sondern in allgemein verständlicher Weise auf die jeweiligen Probleme einzugehen.

Die Auswahl und Durchsicht der Texte fiel genau in die Zeit, als das Corona-Virus sich rasant ausbreitete und einen weltweiten Stillstand bewirkte. Angesichts der bedrohlichen Lage rückten fortlaufend aktualisierte Informationen über die mit der Pandemie zusammenhängenden Zahlen und Massnahmen in den Mittelpunkt des öffentlichen Interesses. Zudem kostete die schwierige Neuorganisation des Alltagslebens viel Kraft und drängte frühere Probleme an den Rand. Doch es hat sich gezeigt, dass gerade die Einschränkungen, die zur Eindämmung des Virus notwendig wurden, bewusst gemacht haben, wie stark unser demokratisch verankertes Wertespektrum sich auch in einer Ausnahmesituation bewährt und das kollektive Verhalten prägt. Die auf das Notrecht gestützten massiven politischen Eingriffe in die Grundrechte (wie das Recht auf freie Selbstbestimmung, auf Bewegungs- und Versammlungsfreiheit) wurden zwar gutgeheissen, jedoch nur als vorübergehende Restriktionen, die den *ethischen* Grundwert der Freiheit nicht aushebeln sollten. Mit erstaunlicher Selbstverständlichkeit wurde der *moralische* Wert der Solidarität den *ökonomischen* Werten übergeordnet, obwohl immense finanzielle Verluste für Industrie, Wirtschaft und Gesellschaft zu befürchten waren.

Zur Bewältigung der Krise bedarf es einer Neujustierung des gesamten Wertespektrums. Die für die Sicherung der Gesundheit aufgebrachte Solidarität muss nun auch für die Sicherung der Existenzgrundlagen einen Beitrag leisten und dabei sinnvolle Veränderungen auf den Weg bringen. Umstandslos in alte Gewohnheitsmuster zurückzufallen, wäre kontraproduktiv nach den im Lockdown gemachten Erfahrungen: Freiheit, Selbstbestimmung, Führungsqualität, Endlichkeit, Verantwortung, Konsumverhalten, Vorurteile, Zukunft sind Stichwörter, die zum Überdenken des eigenen Lebensentwurfs anregen und dazu auffordern, Modelle einer wünschenswerten Weltgemeinschaft zu entwickeln. Philosophische Überlegungen geben dazu Denkanstösse und Orientierungshilfen.

Annemarie Pieper   Rheinfelden, im Mai 2020

Selbstbestimmung

Lebenskunst

Das Wort *Lebenskunst* scheint in sich widersprüchlich. Eher ist man geneigt, von einer *Überlebens*kunst zu sprechen, weil es zum Überleben eigener Anstrengungen, oft sogar heftiger Kämpfe bedarf, wohingegen das Leben als ein natürlicher Prozess gilt, der von selbst, ohne unser Zutun verläuft. Doch bei genauerem Hinsehen bekommt das Leben im Wort *Lebenskunst* eine andere, eine nichtbiologische Bedeutung. Gemeint ist das von uns selbst in seinem Verlauf geplante und kreativ gestaltete Leben. Zwar gibt es in allen Biographien Wendungen und Brüche, die durch Zufälle oder unerwartete Konstellationen herbeigeführt wurden und die im Lebensplan enthaltenen ursprünglichen Absichten durchkreuzen. Aber gerade dann, wenn wir scheitern, ist Lebenskunst nötig, um einen Weg zu finden, der zurück zum eigenen Sinnentwurf führt und die ungewollten Abweichungen als wichtige Erfahrung darin zu integrieren hilft.

Lebenskunst meint ein Können, das man nicht schon von Natur aus beherrscht, sondern das man lernen muss. Man muss lernen, die eigenen Ressourcen – die Begabungen und Talente, die jedes Individuum in sich birgt – zu erkennen und zu entwickeln. Dieser Lernprozess zeigt auch zugleich, und manchmal durchaus schmerzhaft, die Grenzen des eigenen Könnens auf. Wie man mit der Erfahrung umgeht, dass etwas nicht gelingt, was man unbedingt können will, lässt sich am Beispiel des Lebenskünstlers gut illustrieren. Es gehört zum Menschsein, dass man an seine Grenzen geht und diese zu überwinden versucht. Wozu wir fähig sind, finden wir nur heraus, wenn wir unsere physischen, psychischen, emotionalen und affektiven Kräfte bis zum Äussersten testen. Der Lebenskünstler zieht aus diesen Tests die richtigen Schlüsse und vergrössert seine Anstrengungen dort, wo seine individuellen Stärken liegen. Zugleich verzichtet er darauf, Ziele zu verfolgen, für die seine Kräfte nicht ausreichen. Das kann sehr hart sein, denn wir sehen uns ständig im Wettbewerb mit anderen, vergleichen unsere mit deren Leistungen und wollen vieles noch besser können.

Aber wer sich darauf versteift, etwas können zu wollen, an dem er immer wieder scheitert oder das er bestenfalls mittelmässig beherrscht, konzentriert seine ganze Kraft auf ein vergebliches Unterfangen, anstatt sie für Ziele einzusetzen, die in seiner Reichweite liegen, und die Wege dorthin zu optimieren. Das Eingeständnis, etwas nicht zu können, obwohl man es wahnsinnig gern könnte, macht frei von dem Zwang, immer wieder gegen den Stachel zu löcken. Es befreit von Frust, Enttäuschung und Unglück, öffnet zugleich den Blick für das, was man kann und durch gezielte Förderung sogar besonders gut kann. Der Lebenskünstler besitzt Augenmass und Urteilskraft, deshalb vermag er nicht nur andere, sondern auch sich selbst richtig einzuschätzen.

Dies war ein Grund, warum die grossen Philosophen unserer abendländischen Tradition den Menschen als *animal rationale* definiert haben, als ein Lebewesen, das zur Vernunft fähig ist und sich bei allem, was es denkt, fühlt, will und tut, seines Verstandes bedient. Die intellektuellen Fähigkeiten tragen dazu bei, das menschliche Leben als ein in sich stimmiges, sinnvolles Ganzes zu gestalten. Der individuelle Selbstentwurf, das persönliche Lebenskonzept, fügt alles Erlebte und Erfahrene in ein Sinnganzes. Ohne den Leitfaden eines durchgehenden Sinns kann das Leben nicht gelingen, denn es zerfiele in zusammenhanglose Bruchstücke, die im Nacheinander der Zeit unverbunden aneinandergereiht wären.

Dass das Leben einen Sinn haben muss und dass jeder einzelne Mensch sich nach Massgabe der allgemein als gültig erachteten Normen und Werte als Sinnproduzent zu betätigen hat, ist eine zentrale Forderung unserer Kultur. Vorbild ist dabei in der christlichen Tradition der biblische Schöpfungsmythos, demzufolge Gott die Welt als ein vollauf gelungenes Sinngebilde erschaffen hat. «Siehe, es war gut», stellte er jeweils am Ende des Tages in der Evaluation seines Werks zufrieden fest. Nun hatte Gott ideale Ausgangsbedingungen für seine Kreativität. Zwar erfolgte die Schöpfung aus dem Nichts, Gott konnte also auf keine bereits vorgeformten Materialien zurückgreifen, sondern musste alles aus sich selbst nehmen. Aber der Vorteil bestand darin, dass Gott bei der Gestaltung der Welt absolut frei war und seine Vorstellung des Universums ungehindert eins zu eins umsetzen konnte. Für die Menschen ist dies sehr viel schwieriger. Sie kämpfen mit einem gravierenden Ressourcenmangel, den sie nicht wie ein allmächtiges Wesen einfach mittels ihrer inneren Fülle auszugleichen vermögen. Und sie stossen bei der Umsetzung ihrer Pläne ständig auf zum Teil unüberwindliche Hindernisse.

Insbesondere die so genannten Existenzphilosophen, allen voran der französische Nobelpreisträger Albert Camus, hatten deshalb massive Zweifel daran, ob die Menschen überhaupt imstande sind, ein sinnvolles Leben zu führen. Camus bezweifelte nicht, dass unser Sinnanspruch gerechtfertigt ist, dass wir als rationale Wesen also ein Recht auf Sinn haben, aber die Erfahrung, so meinte er, lehrt uns, dass es in einer Welt, aus der die Götter verschwunden sind, keinen vorgegebenen Sinn mehr gibt, der als Vorbild für die menschliche Sinnproduktion dienen kann. Wir verlangen nach Sinn und sind mangels Idealen trotzdem gleichsam sinnblind.

Das ist absurd, d. h. wider-sinnig. Man entdeckt diese Absurdität laut Camus meistens bei ganz banalen alltäglichen Verrichtungen, die er in seinem Essay *Der Mythos des Sisyphos* (1942) beschreibt. Plötzlich zerreisst die Kette alltäglicher Gewohnheiten, die uns Halt gegeben haben; es stürzen die Kulissen ein, die uns eine heile Welt vorgegaukelt haben. «Aufstehen, Straßenbahn, vier Stunden Büro oder Fabrik, Essen, Straßenbahn, vier Stunden Arbeit, Essen, Schlafen, Montag, Dienstag, Mittwoch, Donnerstag, Freitag, Samstag, immer derselbe Rhythmus – das ist meist ein bequemer Weg. Eines Tages aber erhebt sich das ‹Warum›, und mit diesem Überdruss, in den sich Erstaunen mischt, fängt alles an» (Mythos, 22 f.).

Dieser Anfang führt schliesslich zu der Frage, ob sich das Leben überhaupt lohnt, ob nicht der Suizid die logische Konsequenz aus der Einsicht in die Absurdität eines Daseins ist, das immer wieder gegen seine Sinnlosigkeit anrennt und vergeblich versucht, einen dauerhaften, alles umfassenden Sinn in die zersplitterte Lebenswelt zu bringen. Camus hat den Suizid verworfen. Zwar räumt er ein, dass die Selbsttötung als ein letzter verzweifelter Protest gegen eine unerträgliche existentielle Not verstanden werden könne und daher mit dem Selbstbestimmungsrecht des Menschen vereinbar sei. Damit werde aber die Aussichtslosigkeit aller menschlichen Anstrengungen, dem Leben einen Sinn zu geben, endgültig besiegelt.

Stattdessen verweist Camus auf Sisyphos, einen Helden der griechischen Mythologie, der sich unermüdlich mit einem Felsbrocken abschuftet, den er einen Berg hinaufwälzt, wohl darum wissend, dass der Klotz nie oben auf dem Gipfel liegen bleiben, sondern immer wieder ins Tal zurückstürzen wird. Am Beispiel des Sisyphos beschreibt Camus das Schicksal des endlichen, um seine Vergänglichkeit wissenden Individuums, das beharrlich an seinem Sinnanspruch festhält, obwohl es als aufgeklärtes Vernunftwesen an keine transzendente Sinninstanz mehr glaubt, die sich dafür verbürgt, dass letztendlich alles gut ist, was auch immer an Entsetzlichem über die Menschheit hereinbricht.

Wir sehen uns heute mehr denn je mit dem Problem des Absurden konfrontiert. Zwar haben wir die Märkte globalisiert, aber von einer Universalisierung der Wertvorstellungen, in denen sich die Sinnerfahrungen einer gelebten solidarischen Mitmenschlichkeit kondensiert haben, kann nicht die Rede sein. Im Gegenteil: Die in Friedrich Schillers *Ode an die Freude* anklingende Vision einer friedlichen Weltgemeinschaft mit Familienstrukturen – «Alle Menschen werden Brüder» (resp. Geschwister) – hat sich eher in ihr Gegenteil verkehrt, wie es die Schreckensszenarien der schwarzen Utopien des 20. Jahrhunderts prognostiziert haben: politische Verhältnisse, deren Stabilität sich staatlichem Terror verdankt. Frieden, der durch Unterdrückung der menschlichen Freiheit erreicht wird. Erzeugung normierter, auf die gesellschaftspolitischen Erfordernisse abgerichteter Sklaven, die wie Marionetten agieren, da sie keine Möglichkeit haben, sich dem Zug an ihren Drähten zu widersetzen.

Diese Risiken sind uns heute vertraut, sowohl die Gefahren einer zügellosen Freiheit als auch die aus der gewaltsamen Unterdrückung der Freiheit resultierenden Gefahren. Wir wissen einerseits, dass wir die individuelle Freiheit einvernehmlich begrenzen müssen, um zu Sinnvorstellungen zu gelangen, die von möglichst vielen geteilt werden. Andererseits können wir uns nicht mehr umstandslos auf die in unserer abendländischen Tradition gewachsenen humanistischen Werte stützen, insofern diese unter Berufung auf den christlichen Gott für sakrosankt erklärt wurden. Wir wollen ja auch Andersgläubige und Atheisten mit ins Boot holen, das sich daher nicht in religiösen, sondern in ethischen, verallgemeinerungsfähigen Fahrwassern bewegen muss.

Von Camus kann man lernen, wie dem Lebenskünstler seine Sinnfindung in einem nichtlinearen, *kreisförmigen* Zeitmodell gelingt. In *linearen* Zeitmodellen liegt der Sinn stets am Ende des Weges. Man geht den Weg nicht um des Weges willen, sondern um anzukommen, um das Sinnziel zu erreichen, wenn nicht in diesem Leben, dann nach dem Tod in einem Jenseits, wo man für seine irdischen Bemühungen um Sinn belohnt wird. In einem kreisförmigen Zeitmodell hingegen geht man den Weg nicht mehr um eines im Hier und Jetzt unerreichbaren oder in die ferne Zukunft verschobenen Zieles willen, sondern man geht um jedes geglückten Augenblicks willen.

Sisyphos hat das Ziel aufgegeben, den Stein endgültig auf dem Gipfel zu deponieren und damit seine Fron zu beenden. Sein Ziel ist der jeweils nächste Schritt, mit dem er sich an seinem Stein abmüht, ihn stemmt und ein kleines Stück weiterbefördert. Dazu muss er in dem kreisförmigen Auf und Ab seiner Lebensbahn seine Kräfte einteilen, um den Stein möglichst effizient den Berg hinaufzurollen. Und beim Abstieg ins Tal muss Sisyphos sich von der Tortur erholen und für den nächsten Wälzvorgang motivieren. Auf diese Weise nimmt er sein Schicksal in seine Hand. So absurd seine Lebensbedingungen auch sind, die er nicht ändern kann, so selbstbestimmt geht er seinen Weg, und jeder Schritt auf diesem Weg ist seine persönliche Leistung. Es gelingt ihm, den Felsbrocken von der Stelle zu bewegen, immer wieder, und damit erreicht er sein Sinnziel, immer wieder.

Das kreisförmige Zeitmodell situiert den Sinn des Lebens also nicht wie das lineare Modell in einer zukünftigen Zeit oder hinter das Ende aller Zeiten, sondern verlagert alle Sinn- und Wertvorstellungen in das Zentrum des Kreises. Im Umkreisen des Mittelpunktes wird dieser Sinn ständig im Hier und Jetzt wiederholt und neu erschlossen. Zu jedem Zeitpunkt, der auf der Peripherie des Kreises durchlaufen wird, gelangt vom Zentrum her Sinn in das menschliche Schaffen, ein wiedergeholter, wiederbelebter und doch jeweils neu gestalteter Sinn, der als roter Faden die Kontinuität und den inneren Zusammenhang eines Lebens verbürgt.

Das ökonomistische Missverständnis unserer Zeit ist die Folge einer Verwechslung von Qualität und Quantität. Das Kosten-Nutzen-Denken, verbunden mit der Maxime der Profitmaximierung, hat zu der irrigen Annahme geführt, dass der Gewinn und damit der Sinn umso grösser wird, je mehr man die Geschwindigkeit steigert, mit welcher der Mittelpunkt umkreist wird. Je schneller wir unsere Kreise ziehen, desto mehr, so die irrige Annahme, können wir in den Kreis einschliessen und den Umfang des Kreises erweitern. Wer das Tempo nicht mithalten kann oder will, wird von all denen beiseitegestossen, die meinen, das Hamsterrad noch schneller antreiben zu können. Die Folgen dieser unkontrollierten Raserei haben wir in globalen Wirtschaftskrisen erlebt.

Der tiefere Grund für das Scheitern unserer Bemühungen um Sinn ist in einem falschen Zeitmanagement zu suchen, das zu einem eindimensionalen Menschenbild geführt hat. Wenn der Mensch, ganzheitlich betrachtet, aus Kopf, Herz, Bauch und Hand besteht, gerät dieses Sinngebilde aus dem Gleichgewicht, sobald einer der Teile verabsolutiert wird. Wo nur der *Kopf* das Sagen hat, wird die Vernunft terroristisch und unterdrückt die berechtigten Ansprüche von Herz, Bauch und Hand. Intoleranz und Fanatismus sind das Resultat des ideologischen Tunnelblicks. Wo nur auf die Stimme des *Herzens* gehört wird, kippt das Emotionale in Irrationalität um. Wo allein der *Bauch* regiert, gewinnt die Gier die Oberhand, die einem masslosen Konsum das Wort redet. Und wo der *Hand* Priorität zugestanden wird, setzt die technisch-instrumentelle Vernunft rigoros alles Machbare in die Tat um.

Diese Entgleisungen sind in der Tat die Folge eines falschen Zeitmanagements und mangelnder Lebenskunst. Wir leben in einem Geschwindigkeitsrausch. In rasenden Verkehrsmitteln flitzt die Landschaft an uns vorbei, so dass wir ihre Schönheit nicht mehr wahrnehmen. Man hastet mit den anderen mit, versucht noch an Tempo zuzulegen, um sie zu überholen und vor ihnen ans Ziel zu gelangen. Zwischendurch wird einem kurzen Glück nachgejagt, denn zu einem wirklichen, intensiven Genuss reicht die Zeit nicht aus. Dass man nur noch im Zustand des Gehetztseins unterwegs ist, wird zur Gewohnheit beim Essen und Trinken, beim Lieben, bei sportlichen und spielerischen Betätigungen.

Aber Geschwindigkeit ist kein Wert an sich. Wir sind es, die darin einen Wert sehen, in der falschen Meinung, je mehr wir in die Zeit hineinpressen können, desto erfüllter sei das Leben. Wenn uns schon nur ein einziges Leben zur Verfügung steht, möchten wir dieses vervielfältigen, anstatt ihm Qualität zu verleihen. Aber wir können die Zeit nicht durch fortgesetzte Beschleunigung überrunden, wir können sie nur anhalten, indem wir alle Hektik und Hast ausschalten. Das Zauberwort für die gleichsam leere Zeit, in der wir zur Besinnung kommen, heisst Musse. Die Musse ist eine Art Auszeit, in welcher die mit der Stoppuhr gemessene Zeit keine Rolle mehr spielt. Die Musse erlaubt ein Heraustreten aus dem Hamsterrad und ein Distanznehmen von der Umtriebigkeit des alltäglichen Lebens. Der Körper kann sich wieder in seinen eigenen Rhythmus einpendeln, und die Atemlosigkeit lässt nach.

Vom Diktat der Zeit befreit, gewinnen wir die Herrschaft über unser Leben zurück. Vorausblickend vermögen wir die vor uns liegende, noch unverbrauchte Zeit mit jenen Plänen, Projekten und Zielvorstellungen zu füllen, durch die wir unser Leben als ein Sinnganzes zu gestalten versuchen. Die Erfahrung hilft uns bei der Organisation frist- und termingerechter Umsetzungsprogramme, denn alles braucht seine Zeit. Selbst Gott benötigte sechs Tage, um die Welt zu erschaffen, und musste sich am siebenten Tag ausruhen, um sein Werk daraufhin zu prüfen, ob es gut gelungen war.

Doch anders als Gott können Menschen ihre Zukunft nicht ins vollkommen Leere hinein entwerfen. Zwar ist die Welt nach vorne für alle Individuen in gleicher Weise offen, aber über diese Offenheit kann nicht beliebig verfügt werden, da die naturgegebenen und die sozialen Rahmenbedingungen das Feld möglicher Optionen einschränken. Sie prägen der auf uns zukommenden Zeit vorab eine Struktur auf, die auch unser Handeln bestimmt, noch bevor wir überhaupt darüber nachgedacht haben, was wir konkret tun wollen. Je dichter diese Struktur ist, desto ohnmächtiger fühlt sich der Einzelne, der im Extremfall für sich keinen Handlungsspielraum mehr vorfindet. Für ihn ist die Zeit aus den Fugen, und die alltägliche Erfahrung, dass die Zeit alle Wunden heilt, hat nichts Tröstliches mehr, wenn der Heilungsprozess unabsehbar ist und der Spruch ‹Kommt Zeit, kommt Rat› bloss noch den Status eines uneinlösbaren Versprechens hat.

Der angemessene Umgang mit der Zeit verlangt Augenmass und Urteilskraft. Die oft gehörte Forderung, man müsse mit der Zeit gehen, ist deshalb ambivalent. Einerseits soll man möglichst Schritt halten mit den technischen, politischen und sozialen Veränderungen in unserer Lebenswelt. Andererseits möchte man Altgewohntes und lange Bewährtes nicht umstandslos für etwas Neues über Bord werfen, nur weil es innovativ ist. Der Satz «Früher war alles besser» ist zweifellos falsch, wenn die Betonung auf «alles» liegt. Dass früher *einiges* besser war, ist nicht von der Hand zu weisen, jedenfalls nicht für diejenigen, die das Früher persönlich erlebt haben und mit dem Heute vergleichen können. Wer zum Beispiel in Zeiten ohne

Elektronik aufgewachsen ist, reibt sich manchmal verwundert die Augen, wenn er die Leute durch die Stadt rennen oder im Tram sitzen sieht, gebannt auf ihr Smartphone blickend und zu keiner Kommunikation mit anderen Menschen fähig. Dass die Menschen einmal ihr Gehirn in einem kleinen Kästchen in der Jackentasche mit sich trügen, hätten viele sich nicht vorstellen können.

Man sollte also nicht unkritisch mit der Zeit gehen. Manchmal ist unzeitgemässe Nachdenklichkeit gefordert, die aus einer Perspektive quer zur Zeit Abstand zur Gegenwart ermöglicht, aus welchem Zusammenhänge überblickbar werden und Konfliktlösungen sich abzuzeichnen beginnen. Damit Entscheidungen nicht zur Unzeit, sondern zur rechten Zeit getroffen werden, muss der Faktor Zeit stets mitbedacht werden, denn das menschliche Leben ist endlich, eingespannt zwischen Geburt und Tod, verstrickt in Zeitverhältnisse, die gleichwohl mit einem unbedingten, überzeitlichen Sinnanspruch verbunden sind und daher ein Moment von Ewigkeit enthalten. Der gelebte Augenblick ist die Fülle der Zeit. Ein Mensch, der am Ende seines Lebens das Zeitliche zu segnen vermag, kann ohne Bedauern Abschied nehmen, da es ihm gelungen ist, der Zeit einen Sinn zu verleihen, der von zeitloser Gültigkeit ist.

Doch wie gehen wir in unserem alltäglichen Lebenskontext mit der Zeit um? Wir wissen selbstverständlich, was Zeit ist, weil sich alles, was wir tun, in Zeitverhältnissen abspielt. Der Tag ist unterteilt in Zeitsegmente, die ihrerseits für bestimmte Tätigkeiten vorprogrammiert sind: Zeit zum Aufstehen, Zeit zum Arbeiten, zum Essen, zu kurzen Erholungspausen, Zeit zum Schlafen. Irgendwo dazwischen finden wir vielleicht noch Zeit für einen Kino-, Theater- oder Opernbesuch, Zeit für die Liebe. Aber zu gründlichem Nachdenken reicht die Zeit oft nicht, denn wir haben immer viel zu wenig Zeit. Zeit, obwohl scheinbar im Überfluss vorhanden, ist eine knappe Ressource, die als besonders kostbar eingeschätzt wird, vor allem, wenn man es mit dem gängigen Slogan hält, der sagt: Zeit ist Geld. Mit Geld kann man sich sogar Zeit kaufen, freie Zeit, in der man tun und lassen kann, was man möchte.

Wir können also bis zu einem Grad über unsere Zeit verfügen. Zwar ist nicht zu leugnen, dass wir oft unter dem Diktat der Zeit ächzen. Doch sind die Zeitstrukturen, die uns einengen, in der Regel selbst gewählt: durch die Entscheidung für einen bestimmten Beruf, für die Geburt und Erziehung von Kindern und so fort. Wir sind dem Zeitdruck nicht hilflos ausgesetzt, sondern können uns Zeit nehmen, indem wir Pausen machen, eine Mussestunde einlegen, uns völlig aus dem hektischen Alltsagsgeschehen ausklinken. Das ist dann unsere Zeit, nicht die unerbittlich im Sekundentakt voranschreitende physikalische Zeit, sondern die Eigenzeit, die nicht in Minuten und Stunden gemessen wird.

Dass wir uns Zeit nehmen können, die Zeit also unseren Eigenbedürfnissen anpassen können, hängt damit zusammen, dass der Mensch, soweit wir wissen, das einzige Wesen ist, das ein Geschichtsbewusstsein hat. Zurückblickend versuchen wir uns der Gründe zu vergewissern, die weitreichende Entscheidungen motiviert haben, mit deren guten oder schlechten Folgen wir uns gegenwärtig auseinandersetzen. Wir tun dies, um auf der Folie der Vergangenheit und der Aufklärung unserer Herkunft die Probleme und Konflikte besser zu verstehen, die uns in der Gegenwart bedrängen und für deren Lösung wir Pläne entwickeln, die die Vorstellung einer konfliktärmeren, vielleicht sogar konfliktfreien Existenz in die Zukunft projizieren. Vorausblickend spannen wir Vergangenheit und Zukunft so zusammen, dass daraus konkrete Handlungsanweisungen für die Gegenwart abgeleitet werden, die sich einer Fehlervermeidungsstrategie und dem Entwurf einer idealen Lebensform verdanken.

Anders als tierische Lebewesen konzentrieren wir Menschen uns nicht nur auf das Hier und Jetzt, sondern wir interessieren uns auch immer für das Ganze der Geschichte. Den Bogen vom Damals zum Heute und zum Morgen schlagen wir narrativ, durch Erzählen. Wir erzählen, was gewesen ist, was ist und was sein könnte oder sein sollte. Sei es aus biographischer oder historischer Neugier, sei es aus einem naturwissenschaftlichen Erkenntnisinteresse. So erzählt etwa die Evolutionstheorie die Geschichte des Universums, angefangen beim Urknall bis hin zum Menschen, der sich von den kausalen Mechanismen des Prozesses teilweise abgekoppelt hat und eine selbst gewählte Zukunft anzusteuern versucht. Die rückwärtsgewandte historische Erzählweise verwandelt sich nach vorn in eine utopische Vorausschau, die dem Evolutionsgeschehen eigene Ziele vorgibt und damit die Idee eines Sinnganzen entwickelt, das Massstabscharakter für unser Handeln haben soll. Unsere moralische Orientierung an ethischen Werten ist das Ergebnis einer von der Natur unabhängigen Selbstbestimmung menschlicher Individuen, die sich gegenseitig das Recht auf Freiheit zuschreiben.

Kultur und Moral verdanken sich dem Nachdenken über Werte, die langfristig und nachhaltig das individuelle und das kollektive Handeln bestimmen sollen. Solche Werte sind von übergeschichtlicher Bedeutung. Sie gelten zeitübergreifend und zeitenthoben. So haben schon die antiken griechischen Denker über den Wert der Gerechtigkeit nachgedacht, haben Kardinaltugenden wie Vernünftigkeit und Besonnenheit diskutiert, die überzeitliche Verbindlichkeit beanspruchen. Ihre Untersuchungen sind auch heute noch – nach mehr als zwei Jahrtausenden – für die Ethik relevant. Werte, Rechte und Normen sind somit nicht ausserhalb der Zeit, sondern vermöge ihrer handlungsorientierenden Kraft für jede Zeit von Bedeutung. Und auch sie können diese Kraft nur entfalten, wenn die sich verändernden Lebensverhältnisse mit berücksichtigt werden. Wir legen zum

Beispiel im Rahmen demokratischer Bedingungen Gerechtigkeit anders aus als Platon und Aristoteles, die eine Aristokratie favorisierten, weil ihnen die Herrschaft einer uninformierten, durch Demagogen leicht zu manipulierenden Masse suspekt war.

Den Anwendungsbereich mancher Wertvorstellungen haben wir im Verlauf der Zeit erweitert. So sind die Werte, die wir heute als Menschenrechte deklarieren, Freiheitsrechte, die wir jedem menschlichen Individuum unverbrüchlich zugestehen, unabhängig von Herkunft, Geschlecht, Rasse und Religionszugehörigkeit. Zu Platons Zeit machte man noch einen Unterschied zwischen freien Bürgern und Sklaven, ging also davon aus, dass nicht alle Menschen gleich viel wert sind. Spätestens seit der Aufklärung betrachten wir es im christlichen Abendland als zeitlos gültige kulturelle Errungenschaft, dass es keine Wertunterschiede zwischen den menschlichen Individuen gibt, wir also trotz aller zweifellos bestehenden natürlichen Unterschiede gleich viel wert sind. Daraus folgen die Gleichberechtigung und darauf gründend die Gleichheit vor dem Gesetz.

Kommen wir nach diesem Ausflug in die überzeitlichen, zu jeder Zeit verbindlichen Wertvorstellungen, die gleichsam das Korsett einer Solidargemeinschaft bilden, zurück zur Frage, wie wir mit der Zeit gehen bzw. wie wir mit der Ressource Zeit umgehen und was daraus für unseren Umgang mit uns selbst folgt. Die Zeit spielt nicht in jeder Lebensphase die gleiche Rolle. Kleine Kinder haben noch kein Zeitbewusstsein. Sie können in sich selbst versunken spielen und lassen sich auch durch Hektik um sie herum nicht stören. Grössere Kinder sind oft ungeduldig, weil ihnen die Zeit zu langsam vergeht. Sie möchten ganz schnell erwachsen werden, um sich den im Elternhaus und in der Schule vorgegebenen Zeitstrukturen zu entziehen, die stets mit der Erfüllung von Pflichten verbunden sind. Das Streben nach Unabhängigkeit und Selbstbestimmung verlangt nach einer Befreiung von äusseren Zwängen und eigenen Zielsetzungen, von deren Erreichung man sich ein erfülltes Leben erhofft.

Der Traum von absoluter Freiheit verfliegt sehr schnell, sobald es darum geht, seinen Berufswunsch umzusetzen. Es wiederholen sich die bereits in der Jugend gemachten Erfahrungen. Ob in einer Lehre oder im Studium – die Lehr- und Lernzeit ist begrenzt und nötigt dazu, die Ausbildung in der dafür vorgesehenen Regelzeit zu absolvieren. Wieder steht man unter Zeitdruck und soll dabei auch noch möglichst gute Ergebnisse erzielen. Der Druck erhöht sich dann im Verlauf des Berufslebens noch weiter, wenn es gilt, die Karriere mit dem Privatleben zu vereinbaren. Neben den beruflichen Anforderungen bleibt oft zu wenig Zeit für die Pflege von Freundschaften, Partnerschaften, Ehe und die Kindererziehung.

Das Burnout-Syndrom ist ein Zeichen für den Sieg der Zeit über die Anstrengungen, sein Leben mit Sinn zu erfüllen. Das liegt nicht an der Zeit, denn sie kann nicht anders, als ohne Zäsuren in gleichmässigem Tempo voranzuschreiten. Es liegt vielmehr daran, dass wir aufgrund der Anforderungen, die andere und wir selbst an uns stellen, mehr in den Zeitablauf hineinpressen möchten, als unsere Kräfte erlauben. Es gehört mit zum Schwierigsten, alle Verpflichtungen auszubalancieren und Überforderungen einen Riegel vorzuschieben durch einen zeitweiligen Ausstieg aus dem Hamsterrad, durch bewusstes Sich-Zeit-Nehmen in Pausen und Mussestunden, anstatt sich durch die Zeit vollständig vereinnahmen zu lassen.

Lebenskunst besteht darin, sein Leben selbstbestimmt zu gestalten und damit die Autonomie über sich zurückzugewinnen. Die regelmässige Unterbrechung der mechanischen Abläufe alltäglicher Verrichtungen mittels Mussezeiten lehrt Geduld und Gelassenheit als Eigenschaften einer Grundhaltung, die frei macht für die jederzeit nötige Selbstbesinnung. Der

Blick öffnet sich für ein selbstgenügsames Leben, in dem die Mitte zwischen einem Zuviel und einem Zuwenig immer wieder neu austariert wird. Epikur als Verfechter des Genussprinzips und als Begründer des darauf basierenden Hedonismus wurde oft angegriffen, weil seine Kritiker meinten, er vertrete die These, dass ein Leben in Saus und Braus das beste sei. Ganz im Gegenteil hat Epikur immer wieder das Mass angemahnt, das dazu anhält, in allem, was man denkt, fühlt, will und tut, die richtige Mitte zu finden. Lebensqualität wird nicht in der Zügellosigkeit erfahren, sondern in der Zufriedenheit, die sich einstellt, wenn man seine Mitte gefunden hat und von dorther sinnvolle Einschränkungen des Zuviel ins Auge fasst.

Die Kunst des Führens

Das Wort «Führung» hat es nicht zu philosophischen Ehren gebracht. Kein philosophisches Wörterbuch weist es als eigenständigen Begriff aus. Woraus jedoch nicht abzuleiten ist, dass das mit Führung Gemeinte philosophisch bedeutungslos wäre, im Gegenteil. Allerdings muss man es in den unterschiedlichen Kontexten aufspüren, die von der Kunst des Führens handeln.

Befragen wir zunächst unsere Alltagssprache und analysieren die Sprachspiele, in welchen das Verb «führen» verwendet wird. Wittgenstein hat in seinen *Philosophischen Untersuchungen* die These vertreten, dass Sprachspiele nicht nur etwas über den Gebrauch von Wörtern sagen, sondern auch Auskunft über die Lebensform geben, das Menschenbild also und die Weltanschauung aufscheinen lassen und damit den gesamten kulturellen Hintergrund beleuchten, aus welchem sich der Sinn dieser Wörter speist.

Fangen wir mit der Etymologie an. Das Wort «führen» bedeutete ursprünglich: fahren machen. Wer etwas führt, setzt es in Bewegung und hält es auf dem Weg. So führte der Knecht den Wagen. Und noch im Wort «Lokomotivführer» schwingt diese Bedeutung des Fahrenmachens mit. Was da zum Fahren gebracht wird, ist ein im weitesten Sinn technisches Gerät, das sich nicht von sich aus auf den Weg machen kann, als vom Menschen geführtes jedoch in Gang gesetzt und auf ein Ziel ausgerichtet werden kann. Dabei wird vorausgesetzt, dass der Führende Führungskompetenz besitzt, das Gerät also entsprechend seinen Wünschen zu steuern vermag und die Tücken des Weges kennt, wie der Lotse, der die Schiffe in den sicheren Hafen bugsiert. Ist das Geführte kein Gerät, sondern etwas Lebendiges, ein Pferd zum Beispiel oder ein Hund, dann können diese sich zwar ohne weiteres von selbst in Gang setzen und dabei durchaus ein eigenes Ziel verfolgen, etwa zum Zaun galoppieren, um ein Pferd auf der Nachbarkoppel zu begrüssen oder um die Spur einer läufigen Hündin zu verfolgen. Aber wir würden trotzdem nicht sagen, dass ein Pferd oder Hund auf diese Weise Führungsqualitäten zeigt.

Denn ein Tier, so nehmen wir an, gehorcht seinem Instinkt und überlässt damit die Führung der Natur. Dies gilt selbst für die Rudelführer und Leittiere in Tierpopulationen, die zwar aufgrund ihrer Position an der Spitze der Hierarchie die Herde in Bewegung halten, dies aber nicht aufgrund eigener Überlegungen und Zielsetzungen tun, sondern weil sie gleichsam so programmiert sind. Auch der Rudelführer läuft am Gängelband der Natur, ist somit als Leittier seinerseits geführt. Bis zu einem gewissen Grad verhält sich dies auch bei Menschen nicht anders. Wenn von der Determiniertheit des Menschen die Rede ist, derzufolge er genetisch festgelegt sei, meinen wir, dass die Natur ihn in seinem Denken, Fühlen, Wollen und Handeln so geprägt und unausweichlich bestimmt habe, dass die Vorstellung, sich selber führen zu können, eine blosse Illusion sei. Wie Marionetten zappelten wir an den Drähten unserer

Gene und Neuronen, unfähig, uns vom Gängelband der Natur zu lösen.

Lassen wir hier den Streit über die Willensfreiheit, wie er zwischen Neurobiologen und Geisteswissenschaftlern geführt wird, ausser Betracht. Dass wir das Erbe der biologischen Evolution in uns tragen, wird niemand ernsthaft bezweifeln. Dass wir im Zuge der kulturellen Evolution bis zu einem gewissen Grad die Kausalketten der biologischen Evolution abgeschüttelt haben und uns Freiheit zuschreiben, nicht in einem absoluten Sinn, sondern im Sinne von Autonomie, ist ebenfalls eine nicht zu leugnende Tatsache. Als Wesen, die sich selber Zwecke und Ziele setzen, gehen wir davon aus, dass wir nicht mehr gezwungen sind, uns komplett von der Natur führen zu lassen, sondern uns selber zu führen vermögen. Wir können uns selbst fahren machen, und das steckt auch im Wort «Erfahrung»: Wir erfahren die Welt, indem wir uns aufmachen zu selbst gesetzten Zielen, auf Wegen, die teils von anderen bereits gebahnt wurden, teils von uns selbst erst gefunden, ja erfunden werden müssen. Erfahrungen machen am Leitfaden des individuellen Selbstentwurfs bedeutet, sein Leben eigenständig zu führen.

Selbstführung im Sinne von Autonomie ist die Folie für die Führung anderer. Nur wer imstande ist, sich selbst zu führen, besitzt auch die Kompetenz, andere zu führen. Dies gilt nicht nur allgemein, sondern auch in speziellen Handlungsbereichen. Der Bergführer muss sich ebenso wie der Fremdenführer und der Stadtführer gut auskennen: in den Bergen, in der Gegend, in der Stadt, um den Ortsunkundigen den richtigen Weg zu weisen. Er muss sie gleichsam an der Hand führen wie Kinder oder gebrechliche Menschen, einerseits um sie vor Schaden zu bewahren, andererseits um ihnen sichere Touren und Zugang zu Sehenswürdigkeiten zu ermöglichen. Ein solcher Führer muss verantwortungsbewusst und zuverlässig sein und nicht nur die Neugierde der von ihm Geführten befriedigen, sondern auch die Gefahren kennen, die ihnen drohen können. Er darf die ihm Anvertrauten also auf keinen Fall in die Irre führen, an der Nase herumführen, hinters Licht führen oder aufs Glatteis führen – lauter Ausdrücke, die Täuschungsmanöver und damit einen Missbrauch von Führung beschreiben: Jemand, der sich geführt wähnt und darauf vertraut, dass sein Führer ihn ans gewünschte Ziel bringt, wird arglistig auf Abwege geleitet; im Kreis herum dirigiert wie ein Tanzbär, dessen Bewegungsfreiheit durch eine Schnur eingeschränkt ist, die an einem Ring in seiner Nase befestigt ist; ins Dunkle manövriert, wo er nichts mehr sehen kann; oder auf eine Eisfläche gelotst, wo er ausrutschen und sich verletzen kann. Führungsmissbrauch liegt immer dann vor, wenn dem Geführten vorgegaukelt wird, er befinde sich auf sicherem Gelände, während er in Wirklichkeit absichtlich in die Irre geführt wird.

Auch wer Böses im Schilde führt, missbraucht das in ihn als Führer gesetzte Vertrauen. Ursprünglich wurde auf dem Schild das Wappentier der Kohorte abgebildet, zu der man gehörte, damit in kriegerischen Auseinandersetzungen sofort ersichtlich war, ob man es mit Freund oder Feind zu tun hatte. Um den Gegner zu täuschen, wurde das Wappentier gefälscht oder der Schild so prunkvoll ausgestattet, als gehöre er einem göttlichen Wesen, das unbesiegbar ist. Böses im Schilde führen heisst also: sich als ein anderer auszugeben, als man ist, um jemanden heimtückisch auf eine Fährte zu locken, die ihn ins Verderben führt.

Letztendlich muss auch der Verführer zu jenen Führern gerechnet werden, die ihre Opfer hintergehen, indem sie sie unter Vortäuschung edler Absichten so manipulieren, dass sie die Instrumentalisierung nicht bemerken. Die Wendung *jemanden in Versuchung führen* ist mehrdeutig. Während Gott den Menschen herausfordert, um seine Willenskraft zu prüfen und zu stärken, versucht der Teufel Macht über den Willen des Menschen zu gewinnen und ihn dadurch zu schwächen.

Positiv verstanden wird die Tätigkeit des Führens im zwischenmenschlichen Umgang immer dort, wo die Autonomie des Geführten nicht angetastet wird wie im Fall des bereits erwähnten Berg- oder Stadtführers und des Lotsen. Auch dort, wo es um rollenspezifisches Verhalten geht, haftet dem Führen nichts Anstössiges an, weil man die Regeln kennt und akzeptiert, die festlegen, wer führt und wer geführt wird. So ist klar, dass am Theater der Regisseur berechtigt ist, den Schauspielern Anweisungen zu geben, wie sie spielen sollen, denn er führt die Regie. Auch wenn die Schauspieler mitbestimmen, wie sie ihre Rolle anlegen, hat der Regisseur das letzte Wort. Beim Tanzen steht ebenfalls fest, wer führt und wer geführt wird, jedenfalls bei den klassischen Gesellschaftstänzen. Auch wer die Braut zum Altar führt oder sie entführen darf, ist mehr oder weniger lose geregelt. Der Anführer einer Horde bestimmt darüber, was die anderen zu tun haben. Wer eine Polonäse anführt, bahnt der Schlange hinter ihm den Weg durch die Lokalität.

Eine weitere Sprachspielgruppe umfasst strategische Formen des Führens. *Strategos* war im antiken Griechenland der Feldherr. Als oberstem Befehlshaber des Heeres oblag ihm die Aufgabe, die Stadt auf bestmögliche Weise zu schützen und gegen feindliche Angriffe zu verteidigen. Er musste alle Möglichkeiten der Kriegführung kennen und über eine geschulte Urteilskraft verfügen, die es ihm in unterschiedlichen Konfliktsituationen erlaubte, die optimale Lösung zu finden. Der erfolgreiche *Strategos* war ein Siegertyp, der es verstand, die Fäden so zu ziehen, dass seine Streitkräfte die Feinde zu überwältigen oder in die Flucht zu schlagen vermochten. Was ihn besonders auszeichnete, war seine Bereitschaft, sich in prekären Situationen selbst mit in die Schlacht zu stürzen und seinen Soldaten als Vorbild für Tapferkeit zu dienen. Dieses aus der antiken Kriegskunst stammende Modell strategischer Führung liegt heute vielen Geschäftsformen zugrunde, bei welchen es um Gewinn- und Verlustrechnungen geht: Buch führen, einen Haushalt führen, einen Prozess führen – lauter Beispiele für eine Führung, die auf einem ökonomischen Kalkül beruht: möglichst sparsam mit den finanziellen Ressourcen umzugehen bzw. das zu erwartende Strafmass so gering wie möglich zu halten.

Als autonomes Wesen kann man sich nicht nur von anderen autonomen Wesen führen lassen, sondern auch von Gegenständen. Bücher in Gestalt von Reiseführern sowie Stadtpläne helfen uns bei der Orientierung in fremden Orten. Wegweiser und Verkehrsschilder führen uns ans vorgesehene Ziel. Autofahrer können sich heute satellitengesteuert ans Ziel navigieren lassen. In mythischen Zeiten war es Ariadnes Faden, der ihrem Geliebten Theseus als Leitfaden diente, mit dessen Hilfe er aus dem Labyrinth des Minotaurus wieder herausfand. Dass die meisten Gegenstände, die eine führende Funktion haben, von Menschen gemacht sind und deren Unzulänglichkeiten aufweisen können, lässt sich am Beispiel von Gebrauchsanweisungen für den Zusammenbau zerlegter Objekte veranschaulichen. Der Versuch, sich selbst handwerklich zu betätigen, scheitert nicht selten daran, dass der für die Ausführung der einzelnen Schritte beigelegte Text und die entsprechenden Zeichnungen so mangelhaft sind, dass der Geführte nach mehreren Fehlversuchen kapituliert.

Kommen wir noch auf jenen Typus von Führung zu sprechen, der vor allem für die Pädagogik relevant ist. Dazu ziehe ich einen Philosophen heran, der philosopisch relevante Kernthesen zur pädagogischen Führung vorgebracht hat, indem er insbesondere die Gesprächsführung als vorzügliches Mittel der Bildung in den Mittelpunkt stellte. Es handelt sich um Sokrates. Sokrates hat nichts Schriftliches hinterlassen und ist uns als

Lehrerfigur vor allem durch seinen Schüler Platon bekannt, der die sokratischen Dialoge aufgezeichnet hat. Es lassen sich bei Sokrates zwei Formen von Führung unterscheiden. Die erste betrifft die Art und Weise, wie Sokrates sich selbst als geführt erlebte. Er berichtete, dass sein Daimonion (Dämon) ihn bei schwierigen Entscheidungen unterstütze (Apologie, 40a/b). Dieser Dämon, der Sokrates durch sein Leben begleitete, hatte die Besonderheit, dass er sich nur meldete, wenn Sokrates zu einer falschen Entscheidung tendierte. Vernahm er also die Stimme seines Dämons, wusste er, dass er sein Problem nochmals überdenken musste, um eine andere Lösung zu finden. Die Führung durch den Dämon bestand also darin, dass er keine zuratende, sondern nur eine abratende Funktion ausübte. Solange er schwieg, wusste Sokrates sich auf dem richtigen Weg.

Vielleicht können wir diese Art der Selbstführung als eine Führung durch das Gewissen interpretieren. Das Gewissen als Hüterin der allgemein als verbindlich erachteten Normen und Wertüberzeugungen meldet sich meistens protestierend zu Wort: Es beisst geradezu (Gewissensbisse), um darauf aufmerksam zu machen, dass wir eine Regel verletzt und eine Grenze überschritten haben oder dies beabsichtigen. Solange das Gewissen ruhig ist, verhalten wir uns korrekt.

Die gesellschaftliche Aufgabe, die Sokrates seinerseits als Führer übernahm, war die des Aufklärers. Wie das Höhlengleichnis im Dialog *Politeia* (*Der Staat*) darlegt, führt Sokrates die Menschen aus dem Dunkel der Höhle ans Licht. Allerdings führt er sie nicht behutsam, wie Blinde, den steilen und beschwerlichen Weg aus der Höhle heraus auf die obere Erde, sondern er zerrt und stösst sie vorwärts, nachdem er ihnen, die angekettet tief unten in der Höhle sitzen, die Köpfe gewaltsam umgedreht hat, damit sie merken, dass die Bilder, die sie auf einer Felswand wie auf einem überdimensionalen Bildschirm anstarrten, nur Schatten von Gegenständen sind, die hinter ihrem Rücken vor einem Feuer hin- und herbewegt werden. Aufklärung beginnt mit einem Gewaltakt, durch den der Führer einen Perspektivenwechsel erzwingt, um eine neue Sicht der Dinge zu ermöglichen.

Aus der Sicht des Lehrers stellt sich der Aufklärungsprozess nicht als Gewaltausübung dar, sondern als Führung zur Freiheit im Sinne von Selbstbestimmung und Selbstverantwortung. Was der Schüler als aggressive Fremdeinwirkung empfindet, ist die Folge des Zwangs der Logik, der besseren Argumente und des Vorbilds. Hier kommt nun als Zweites die sokratische Kunst der Gesprächsführung ins Spiel (vgl. Apologie, 19a ff.), deren Absicht es ist, die Mitunterredner zu urteilsfähigen, sozial kompetenten Partnern zu machen. Dialogische Führungsqualität beruht auf sechs Voraussetzungen: (1) Niemand hat einem anderen substantiell etwas voraus. Zwar verschaffen höheres Alter und spezielle Kenntnisse auf einem Wissensgebiet dem Betreffenden einen Informationsvorsprung vor den anderen, aber damit ist kein Privileg verbunden, stellvertretend für die anderen deren Entscheidungen zu treffen. (2) Daraus erwächst für die Lehrpersonen als Führende die Verpflichtung, die von ihnen Geführten in den Stand zu setzen, sich selbst ein Urteil zu bilden und selbstbestimmt zu handeln. (3) Da Sokrates aus eigener Erfahrung die Widerstände kannte, die sich automatisch aufbauen, sobald jemand als Besserwisser und Besserkönner doktrinär auftritt, äusserte er den bekannten Satz: Ich weiss, dass ich nichts weiss. Man kann hierin einen Ausdruck der Bescheidenheit sehen; dass Sokrates seine Autorität zurücknimmt, um seine Gesprächspartner nicht durch Überlegenheit einzuschüchtern oder zu dominieren. Man kann den Satz aber auch als Ausdruck des Respekts vor der Freiheit der anderen auffassen: Um zu echtem, wahrem Wissen zu gelangen, genügt ein blosser Wissenstransfer nicht. Vielmehr muss der Adressat sich das ihm Mitgeteilte persönlich aneignen können, es in seinen individuellen Lebenszusammenhang integrieren und darin Konsequenzen erzeugen lassen. (4) Damit dies gelingt, fährt Sokrates wie ein Seeigel seine Stacheln aus, sobald jemand ihn als Führungskapazität anspricht, in der Erwartung, dass er griffige Formeln für die Lebensführung parat hat. Er wehrt damit die Meinung ab, dass er im Besitz einer umfassenden Wahrheit sei, und verweist den Fragesteller auf seine eigene Kompetenz für die richtige Urteilsbildung und für seine existentielle Wahrheitsfindung. (5) Nun beginnt der schwierigste Teil des dialogischen Unternehmens, der als ein «Hineintäuschen» in die Wahrheit charakterisiert wird, in die Wahrheit des Fragenden, versteht sich. Sokrates muss den Fragenden da abholen, wo er steht, wie wir heute sagen würden. Da die Menschen als Individuen verschieden sind und in unterschiedlichen Lebensverhältnissen existieren, funktioniert eine Argumentationsstrategie nur, wenn sie auf die jeweilige Person zugeschnitten ist.

Sokrates beginnt daher, seinem Dialogpartner Fragen zu stellen, so dass der Betreffende zum Antworten genötigt ist. Sokrates fragt immer weiter, nicht ohne Anteilnahme zu bekunden, und leitet sein Gegenüber von Antwort zu Antwort, wobei jede Antwort durch kritische Einwände auf ihre Stichhaltigkeit untersucht wird. Am Ende des Gesprächs steht dann keine unumstössliche Wahrheit, sondern im gemeinsam zurückgelegten Weg hat für den Befragten eine Klärung dessen, was er wissen wollte, stattgefunden, und er ist nun in der Lage, daraus seine persönlichen Schlüsse zu ziehen. (6) Sokrates hat seine Art der Gesprächsführung als Hebammenkunst bezeichnet (Theaitetos, 148d ff.), um noch einmal darauf aufmerksam zu machen, dass jeder Mensch mit seiner persönlichen Wahrheit gleichsam schwanger geht. Er trägt die Wahrheit in sich und muss sie gleichsam als sein Selbst gebären, woraus nochmals ersichtlich ist, dass niemand berechtigt ist, anderen sein Kind als absolute Wahrheit unterzuschieben oder zu behaupten, es gäbe eine allen Selbstwerdungsprozessen übergeordnete, für alle gleichermassen verbindliche Wahrheit. Trotzdem ist die Hebammenkunst von nicht zu überschätzender Bedeutung: Sie ist zwar nicht an der Erzeugung des Kindes beteiligt, trägt aber mittels der Führungskompetenz des Geburtshelfers dazu bei, dass es sicher ans Tageslicht gelangt.

Die Sprechakttheorie (Austin) hat gezeigt, dass wir, wenn wir reden, nie bloss sagen, was der Fall ist, also schlicht einen Sachverhalt mitteilen, sondern immer zugleich – auf der performativen Ebene – eine Handlung vollziehen. So kann – dies das Standardbeispiel – der Satz «Der Hund ist bissig» bedeuten: Vorsicht, halte dich fern. Wir sprechen also unausdrücklich eine Warnung aus. Der Satz kann auch bedeuten: Dies ist ein vorzüglicher Wachhund. Kaufe ihn. Dann enthält er eine Empfehlung. Mit demselben Satz «Der Hund ist bissig» können demnach unterschiedliche Verhaltensweisen geäussert bzw. evoziert werden, Lob und Tadel, Angstgefühle, Imponiergehabe, Drohungen usf.

Wer in der Rolle des pädagogischen Führers agiert, sollte sich darüber klar sein, wie er auf der performativen Ebene wahrgenommen wird. Er sollte, um Erfolg zu haben, aus seiner Rede alles Belehrende ebenso entfernen wie unterschwellige Vorwürfe, Drohungen, Ermahnungen oder Lobhudeleien. Das ist nicht leicht, weil wir dazu neigen, das eigene Urteil jemand anderem aufzuzwingen. Die Rolle des Lehrers bzw. der Lehrerin verlangt performativ eine gewisse Zurückhaltung, aber manchmal ist auch ein Schuss Anteilnahme oder Emotionalität in der richtigen Dosierung, ohne überbordende Fürsorglichkeit, hilfreich, um einen scheinbar Unbelehrbaren unaufdringlich und doch spürbar engagiert dahin zu führen, dass er sich Gedanken über sich selbst macht, seine Wünsche, seine Sehnsüchte und die Konflikte, die eine Änderung seines Verhaltens geboten erscheinen lassen, problematisiert.

Entscheidend ist jene Komponente des Gesprächs, die Sokrates durch seine mäeutische Kunst ans Licht bringt, indem er sein Fragespiel anzettelt und die Leute zum Reden bringt. Es ist die narrative Basis des Gesprächs, auf welcher der Dialog so gelenkt werden kann, dass der Gesprächspartner von sich aus anfängt, die Konsequenzen seines Handelns zu bedenken und in einer bestimmten Weise zu bewerten. Wie wichtig dies auch für die Urteilsbildung eines Aussenstehenden ist, um die Beweggründe für eine Straftat zu verstehen, zeigt das Beispiel des Angeklagten vor Gericht. Nur durch eine Aufarbeitung der Geschichte der zur Verantwortung gezogenen Person lässt sich herausfinden, ob sie sich selbst geführt hat oder ob andere sie zu der Tat angestiftet, sie also verführt haben. Gibt es Entlastungsgründe für ihr Verhalten? Ist sie voll schuldig?

Sokrates wollte nicht überreden, sondern überzeugen. Seine dialogische Führungsstärke beruhte auf einer persuasiven Strategie, die sogar die Anwendung von Listen und Tricks erlaubt, um die Gesprächspartner zu der Einsicht zu bewegen, dass sie Verantwortung für sich übernehmen und für ihre Entscheidungen geradestehen müssen. Allerdings bedürfen solche persuasiven Strategien der ethischen Rechtfertigung, denn sie wollen Menschen nicht nur führen, sondern verführen, d. h. ihren Willen so beeinflussen, dass sie in einer kollektiv erwünschten Weise handeln. Diese Absicht verfolgen ja beispielsweise auch Werbefeldzüge und demagogische Redeformen, die gerade verhindern wollen, dass die Adressaten sich ein eigenes Urteil bilden. Solche persuasiven Manipulationen der öffentlichen Meinung führen Menschen bewusst in die Irre, um ihnen desto leichter fremde Ziele als ihre eigenen zu suggerieren und dadurch den Warenabsatz zu steigern oder Stimmen für politische Wahlen zu gewinnen. Wer eine persuasive Strategie ethisch korrekt einsetzen möchte, muss daher stets darauf bedacht sein, der Person, die er zu überzeugen versucht, zu signalisieren, dass sie die letzte Instanz ist, die ihre Entscheidungen aufgrund eigenständiger Überlegungen trifft, weil nur sie berechtigt ist, sich selbst zu führen, und fremde Führer allenfalls als Orientierungshilfen akzeptiert, nicht als Befehlshaber.

Der Dialog als das Wesen unserer Gesprächskultur ist das beste Gegenmittel gegen ideologische Verblendungen und Verhärtungen. Ein Fanatiker ist von vornherein ungeeignet als Führer, weil er weder bereit ist, seine eigene Position dem Verfahren von Rede und Gegenrede auszusetzen, noch, fremde Positionen zu prüfen. Der Fanatiker diskutiert nicht und hört nicht zu. Damit verschliesst er sich gegenüber den Mitmenschen, er macht sich unzugänglich auf seinem verabsolutierten Standpunkt, und wenn er an den Schalthebeln der Macht sitzt, sei es in der Politik, in der Wirtschaft oder im Bildungsressort, entartet Führung zu einem Zwangsinstrument, das jenen Kadavergehorsam erzeugt, der menschenunwürdig ist.

Führung durch Kommunikation ermöglicht flache Hierarchien, die zum Beispiel für Teamarbeit unerlässlich sind. In einer Gruppe Gleichberechtigter kann jeder entsprechend seiner Kompetenz die Führungsrolle übernehmen, als *Primus inter pares* auf Zeit. Indem man sich gegenseitig auf den gleichen Stand der Dinge bringt und dabei einen herrschaftsfreien Diskurs (Habermas) praktiziert, lösen sich die durch starre hierarchische Strukturen gefestigten Machtpositionen auf. In einer gelingenden Kommunikation sind alle am Gespräch Beteiligten zugleich Führende und Geführte, weil der Meinungs- und Willensbildungsprozess gemeinsam gesteuert und in seinen Resultaten von allen getragen wird.

Genderprobleme

Das Ich und sein Geschlecht

«Du sollst deinen Nächsten lieben wie dich selbst», gebietet uns das Christentum, wenn es um die Qualität der Beziehung zu einem anderen Menschen geht. Vorausgesetzt ist dabei, dass ich mich selbst wirklich liebe. Was ist, wenn ich mich nicht liebe, vielleicht sogar hasse? Bezieht sich der Selbsthass auf das Ich insgesamt oder nur einen bestimmten Teil, den Körper etwa oder das Geschlecht?

Wer und was verbirgt sich hinter dem Kunstwort «Ich» als Stellvertreter für die Individuen, die vielen einzelnen «Ich»-Sager, die sich der Gattung «Mensch» zurechnen? In unserer abendländischen Tradition, in welcher bis weit in das 20. Jahrhundert hinein die Definitionsmacht bei den ausschliesslich männlichen Philosophen lag, lassen sich grob vereinfachend zwei Definitionen des Ich ausmachen. Die erste findet sich bei den Metaphysikern oder Wesensphilosophen. Sie gehen als Essentialisten davon aus, dass das Ich etwas Substantielles ist, gemäss Goethes eingängiger Formel: «Geprägte Form, die lebend sich entwickelt» («Urworte. Orphisch», Gedichte: Werke 1, 233). Anders jedoch als die zeitgenössischen Naturwissenschaftler, die die Prägung des Organischen biologistisch verkürzt auf die Natur oder die Evolution zurückführen, dem Menschen also eine vollständige Determiniertheit durch die genetische oder gehirnphysiologische Ausstattung unterstellen, haben Denker wie Aristoteles und Goethe die geprägte Form als etwas Geistiges aufgefasst, dessen Urheber nur ein Wesen sein kann, das ebenfalls Geist besitzt und dementsprechend mit Verstand und Vernunft schöpferisch tätig ist: also gemäss einem Plan und selbst gesetzten Zielvorstellungen handelt, wohingegen Naturprozesse dem Kausalitätsprinzip unterliegen.

Versteht man das Ich als geprägte Form, die lebend sich entwickelt, so wird damit kein Automatismus behauptet, dem gemäss das Ich ohne eigenes Zutun es selbst und damit zum Ich wird. Vielmehr muss es – spätestens wenn es mündig geworden und imstande ist, autonom zu handeln – selbst für möglichst günstige Bedingungen sorgen, unter denen seine Entwicklung, die lebenslang dauert und nie abgeschlossen sein wird, optimal vonstatten geht.

Im Unterschied zu den Wesensphilosophen verneinen die Existenzphilosophen das Apriori eines Wesens und damit jede Art von vorgegebener Prägung. Sie gehen vom gleichsam nackten, noch wesenlosen Dasein des Menschen aus. Am extremsten hat dies Jean-Paul Sartre formuliert, indem er die These vertrat: Die Existenz geht der Essenz, das Sein dem Wesen voraus (Existentialismus, 11 ff.). Damit wollte er sagen: Zuerst einmal *ist* der Mensch; er existiert als gänzlich Unbestimmter, ohne jegliche Prägung durch einen Gott oder die Natur. Sartre versteht diesen ursprünglichen Zustand blossen Existierens als die Offenheit einer radikalen Freiheit. Um es selbst zu werden, muss das Ich von dieser Freiheit Gebrauch machen; es muss selbst bestimmen, wer und was es sein will. Es macht sich selbst zum Ich und wird damit zum Urheber seines Wesens. Sein Wesen verdankt sich einer Selbstwahl und ist somit das Resultat seiner ureigensten freien Entscheidung.

Folgt man dem Sartre'schen Modell der Ich-Konstitution, so verdankt sich die geprägte Form nach Meinung der Existenzphilosophen einem Selbstverhältnis. Was ein Individuum ist, lässt sich nicht festmachen an etwas Substantiellem, an einem wie immer vorherbestimmten «Wesen». Wenn wir einer Person trotzdem ein Wesen im Sinne eines «Charakters» oder einer «Persönlichkeit» zuschreiben, unterstellen wir, dass es sich selbst dazu gemacht hat, indem es sich auf eine frei gewählte Weise zu sich selbst verhält und im Sich-Verhalten als dieses selbstbestimmte Ich in seiner Eigenart allererst generiert.

Der dänische Philosoph Søren Kierkegaard, der als Begründer der Existenzphilosophie gilt, war der Erste, der den Menschen nicht mehr von seinem Wesen her als geprägte Form definierte, sondern ihn mittels einer komplexen Verhältnisstruktur zum Produzenten seines Wesens machte. Die Eingangspassage in Kierkegaards Schrift *Die Krankheit zum Tode* lautet:

> Der Mensch ist Geist. Was aber ist Geist? Geist ist das Selbst. Was aber ist das Selbst? Das Selbst ist ein Verhältnis, das sich zu sich selbst verhält, oder ist das an dem Verhältnis, dass das Verhältnis sich zu sich selbst verhält; das Selbst ist nicht das Verhältnis, sondern dass das Verhältnis sich zu sich selbst verhält. (Krankheit, 8)

In dieser Definition wird alles Substantielle, jede feste Wesenbestimmung aufgelöst. Der Mensch *ist* nicht Geist im Sinn der traditionellen Definition, die ihn als *animal rationale* bestimmt. Er *ist* auch nicht ein Selbst im Sinn der idealistischen Definition, die ihn als Subjekt oder Selbstbewusstsein behauptet. Und er *ist* auch nicht eine statische Selbstbeziehung, sondern tätiges Sichverhalten. Kierkegaards Umschreibung, «dass das Verhältnis sich zu sich selbst verhält», weist darauf hin, dass der Mensch nicht schon vorgängig irgendetwas *ist*, sondern allein durch sein Sichverhalten zum Menschen *wird* und sich im Prozess des Selbstwerdens Geist, Selbsthaftigkeit, Reflexivität zuschreibt.

In der je und je akthaft herzustellenden Selbstbezüglichkeit des Sichverhaltens erzeugt sich das Ich nicht als eine feste Grösse, sondern als bewegliches, sich in ständigen Selbstentwürfen neu und umschaffendes Beziehungsnetz, dessen einzige Stabilität in der fortgesetzten Anstrengung des Sichverhaltens besteht. Dabei kann das «Ich» oder «Selbst» sich verfehlen. Das missglückte Selbstverhältnis mündet nach Kierkegaard in der Verzweiflung. Das verzweifelte Selbst kommt in seinem Selbstentwurf nicht auf sich als Urheber zurück, sondern es spaltet sich in zwei unvereinbare Gegensätze, zwischen denen es sich zerreisst, da es ihm nicht gelingt, sie zu sich ins Verhältnis zu setzen. Es ver-zwei-felt. *Die Krankheit zum Tode* ist voller Beschreibungen von Lebensformen, für die Kierkegaard den Nachweis zu führen sucht, dass sie das Resultat einer an ihrem Selbstentwurf gescheiterten Existenz sind.

Ein Selbst sein zu wollen ist gleichsam der Motor jeglichen Strebens. Dieses Selbst, das man sein möchte, liegt dem vom Ich für sich entwickelten Lebensprojekt zugrunde, den es im Lauf seines Lebens schrittweise, geschichtlich, als sein Wesen zu realisieren versucht. Viele Hindernisse können sich ihm dabei in den Weg stellen. Vielleicht liegt das Selbst, als das es sich konzipiert hat, ausserhalb seiner Möglichkeiten. Es möchte zum Beispiel einem Idol nacheifern – Robert Redford werden oder Mutter Teresa –, was nicht gelingt, weil es niemand anders, sondern immer nur es selbst werden kann. Daraus entsteht eine Feindschaft oder gar ein Hass gegenüber jenem Selbst, das sich als unfähig erweist, Robert Redford oder Mutter Teresa zu werden. Jenes Selbst, das zu werden es fähig ist, will es gerade nicht werden, auch nicht nachdem es eingesehen hat, dass es grundsätzlich kein anderes Ich, sondern nur es selbst werden kann.

Trotzdem ist es sinnvoll, sich an Vorbildern zu orientieren, solange die eigene Urteilskraft noch nicht autonom und selbstsicher funktioniert. Zudem halten kulturelle Normen dazu an, sich allgemein anerkannte Verhaltensmuster zu eigen zu machen und damit überschiessenden individuellen Bestrebungen Zügel anzulegen. Die Ichbildung als Selbstwerdungsprozess spielt sich nicht in einem Leerraum ab, der unbegrenzte Möglichkeiten birgt, sondern in einem gesellschaftlichen Kontext, der das Ich mit Ansprüchen und Erwartungen konfrontiert, die es nicht ignorieren kann. Je nachdem, wie gut es ihm gelingt, diesen zu entsprechen, ohne sich selbst aufzugeben, wird es in der Realisierung seines persönlichen Lebensentwurfs seinen Frieden finden oder in eine Kampfsituation geraten, die zusätzliche Kräfte beansprucht.

Einer der brisantesten Streitpunkte war seit jeher der Umgang mit der Sexualität. Das Ich hat ein Geschlecht, was in der traditionellen Philosophie idealistisch-metaphysisch-christlichen Typs als *quantité négligeable* abgetan wurde. Wenn überhaupt, spielte nur das männliche Geschlecht eine Rolle, zum Beispiel in Platons *Symposion*, das dem Thema Erotik gewidmet ist. Die Homoerotik stand im alten Griechenland hoch im Kurs. Sokrates begründet dies im *Symposion* damit, dass die körperliche Anziehungskraft zwischen befreundeten Männern das Sprungbrett in die Philosophie sei, in die eigentliche Liebe, die Liebe zur Weisheit. Das Streben nach dem Wahren, Guten und Schönen nehme seinen Ausgang von einem schönen Körper, den zu begehren sich jedoch nicht im Sexuellen erschöpfe. Vielmehr sei das eigentliche Ziel die Bildung des Partners, dessen Geist für das Erkennen des Wahren und das Tun des Guten aufgeschlossen werden müsse. Am Ende zähle dann für die echte Liebe das Körperliche nicht mehr, sondern nur noch das davon unabhängige Geistige.

Die Wertmassstäbe haben sich seit der Antike gewaltig verändert. Zieht man die heutigen Debatten über den Zölibat oder die rechtliche Gleichstellung homosexueller Paare mit Ehepaaren heran, so fallen Behauptungen ins Auge, die bei Licht besehen als einzige Begründung für die angebliche Unangemessenheit abweichenden Verhaltens auf das eigene, unzulässig verallgemeinerte Selbstverständnis rekurrieren. Ein Mann, so die katholische Ideologie, könne sexuell enthaltsam leben, ohne dadurch in Feindschaft mit sich selbst bzw. den Bedürfnissen seines Körpers zu geraten. Ein homosexueller Mann hingegen könne gar nicht mit sich selbst befreundet sein, weil er wider die Natur lebe.

In beiden Behauptungen wird etwas verallgemeinert, das auf Unterstellungen beruht, die sich weder empirisch noch wissenschaftlich abstützen lassen. Wenn der Durchschnitt zur Norm erhoben wird, gerät eine Minderheit angesichts einer erdrückenden Mehrheit in einen Rechtfertigungszwang, der seinerseits jedoch illegitim ist. Aus einem Sein folgt kein Sollen; aus einer Tatsache – dass die meisten Menschen heterosexuell sind – lässt sich keine Norm ableiten: Alle Menschen sollen sich heterosexuell betätigen, und wer das nicht wolle oder nicht könne, müsse enthaltsam leben. Weder die Berufung auf einen Gott noch der Rekurs auf ein Naturgesetz vermögen diese Forderung zu legitimieren. Sie ist eine Setzung, die alle von einer Mehrheit als sozial unerwünschtes Verhalten deklarierten Praktiken ächtet und zu unterbinden sucht. Wobei Abweichungen in den eigenen Reihen stillschweigend toleriert und unter den Teppich gekehrt werden, wie die vertuschten Missbrauchsfälle katholischer Priester zeigen.

Das Ich hat ein Geschlecht und entsprechend einen Körper, mit dem es sich anfreunden oder verfeinden kann, jeweils unterstützt durch eine bestimmte Körperideologie. Die abendländische Philosophie war mit ihrem idealistischen Schwerpunkt durchwegs körperfeindlich, weil sie davon ausging, dass alle Zuwendung, die man dem Körper zuteilwerden lässt, der Beschäftigung mit den als unendlich wichtiger erachteten geistigen Betätigungen abträglich ist. Der Dualismus von Leib und Seele, von Körper und Geist markierte demnach eine tiefe Feindschaft, die durch die idealistische Körperideologie zuungunsten des Körpers durch Hass vertieft wurde. Auch wenn von idealistischer Seite nicht ausdrücklich gefordert wurde, man solle dem Körper Schmerzen zufügen und ihn abtöten, so ist doch die Geringschätzung, ja Verachtung, welche allem Stofflich-Materiellen als dem am weitesten vom Geistigen Entfernten entgegengebracht wurde, ein Stachel im Fleisch, der für ständiges Leiden sorgt, ein Leiden, das die Seele an den Körper delegiert hat, um nicht ständig daran erinnert zu werden, dass eigentlich sie, die im Besitz des Geistes und der Vernunft ist, schuld an der Nachgiebigkeit gegenüber körperlichen Begierden ist.

Dies ist der Kern aller Ideologien des Geistes, die den Körper als Feind behaupten und aus dieser Konstellation die Berechtigung zu seiner Unterjochung ableiten. Mir scheint, dass es sich um eine typisch männliche Ideologie handelt, die mit dem Siegeszug des Logos begann und die Herrschaft der Vernunft etablierte, der sich der Körper zu unterwerfen hatte. Die Vernunft schrieb ihre Gebote in den Körper ein, so tiefgreifend, dass sich ein Körpergedächtnis entwickelte, in welchem die Forderungen der Vernunft verinnerlicht wurden und dazu führten, dass sich ein geschlechtsspezifisches Rollenverhalten entwickelte. Selbst-Beherrschung zielt auf Körperkontrolle, unter Einbeziehung weiblicher Körper, in die nach männlichem Diktat die Gebote der Selbst-Hingabe und Selbst-Aufgabe eingeschrieben wurden.

Die idealistische Körperideologie legte unterschiedliche Ranghöhen für das *corpus delicti* fest, dessen Verbrechen darin bestand, die Seele als Sitz von Vernunft in ihren geistigen Vollzügen zu behindern, wenn nicht gar materiell zu infiltrieren. An der Spitze der Körperhierarchie befindet sich der männliche Körper, der als gehorsamer Diener der Seele jene Tugenden der Härte gegen sich selbst auszubilden hat, mit denen er sich und seine Ansprüche zurücknimmt und dadurch der Seele mehr Freiraum gibt, sich mit sich selbst und ihren Interessen zu beschäftigen. Da Frauen eine verkümmerte Seele und ein entsprechend niedriges Geist- bzw. Vernunftpotential zugeschrieben wurde, sah man sie als ungleich materialistischer und weibliche Körper als unfähig an, sich zu disziplinieren. Deshalb wurden sie um ihres eigenen Besten willen einem männlichen Vormund unterstellt und mittels der ihnen auf den Leib geschriebenen Rollenmuster angepasst.

Die französische Feministin Luce Irigaray hat in ihrem Buch *Speculum* (1980) gezeigt, wie sich Denker von Platon bis Freud des weiblichen Körpers bemächtigt haben. Platons berühmtes Höhlengleichnis beschreibt die Gefangenschaft der Seele im Körper, aus dem sie den Weg heraus in die wahre Welt, ans Licht der Ideen finden muss. Irigaray weist minutiös nach, dass Platon das Höhleninnere inspiziert wie ein Gynäkologe die Scheide, indem er sich jenes als Speculum bezeichneten Instruments bedient.

Gemäss ihrer Lesart geht es dem Philosophen jedoch nicht darum, den weiblichen Körper in seiner Besonderheit und Eigenwertigkeit zu erforschen, vielmehr suche er nach Indizien, die das Differente, dasjenige, was den weiblichen vom männlichen Körper unterscheidet, als minderwertig erscheinen lassen. So würde etwa der weiblichen Gebärfähigkeit die unvergleichlich grössere Bedeutung der männlichen Kopfgeburten entgegengehalten. Als immaterielle, geistige Entbindungen förderten diese Entbindungen einen Nachwuchs zutage, der anders als die leiblichen Kinder nicht den Bedingungen von Raum und Zeit unterliege und Unsterblichkeit besitze.

Im Unterschied zu Platon hat Sigmund Freud nach Luce Irigaray den männlichen Körper als Folie benutzt, auf welcher er die Defizite des weiblichen Körpers verzeichnete. Als gravierenden Mangel konstatierte er das Nichtvorhandensein eines Penis, was auf eine phallische Verkümmerung hinweise, die den weiblichen Körper als gleichsam kastrierten männlichen Körper definiert. Zudem charakterisierte er das Weibliche als den schlechteren Teil eines Gegensatzes: männlich bedeute körperliche Aktivität, Aggressivität, Durchsetzungskraft, weiblich bedeute körperliche Passivität, Schwäche, Unterwürfigkeit. Das Männliche werde durchwegs als Norm behauptet und alles diesem nicht Entsprechende für minderwertig erklärt. Warum, so fragt Irigaray, wird nicht auch das Pendant zum Penisneid untersucht, den Freud den Frauen attestiert, «der ‹Neid› auf die Vagina […]. Auf die Gebärmutter? Auf die Vulva? Etc. Das in jedem Pol der sexuellen Differenz verspürte ‹Verlangen›, ‹auch so etwas zu haben›? Das Gekränktsein darüber, fehlerhaft, mangelhaft im Vergleich zu einem Heterogenen, zu einem anderen zu sein. Die ‹Benachteiligung›, die euch die Natur (die Mutter) zugefügt hat, indem sie euch nur mit einem Geschlecht versah?» (Speculum, 63).

Die Debatte über die Geschlechterdifferenz legt zwei Schlussfolgerungen nahe. Erstens: Wenn man Verschiedenes unter der Form des Gegensatzes betrachtet, entsteht eine Feindschaft, insofern bereits vorweg feststeht, dass die beiden einander entgegengesetzten Pole nicht gleichwertig sind, sondern einer von beiden der bessere sein muss. Wird also vorausgesetzt, dass ein Körper in dem Mass wertvoller ist, als er ein grösseres Quantum eines für qualitativ hochrangig erklärten Substrats vorzuweisen vermag, steht der männliche Körper auf der Gewinnerseite: mehr Muskeln, grössere Gehirnmasse, herausragendes Geschlechtsorgan. Der weibliche Körper wird im Vergleich damit zum *corpus delicti*, dessen Verbrechen darin besteht, ‹weniger› Körper zu sein, als es der (männlichen) Norm entspricht.

Die zweite Schlussfolgerung bezieht sich auf die Beobachtung, dass viele sich heute trotz der boomenden Kosmetik- und Wellness-Angebote in ihrem Körper oft nicht wohl fühlen. Dies hat meistens keine organischen Ursachen, sondern ist auf einen Makel zurückzuführen, den Körperideologien uns einreden wollen. Wie soll jemand sich selbst lieben können, dem suggeriert wird, sein Körper sei ein Fremd-«Körper», der alles andere als liebenswert ist und deshalb schleunigst rigiden disziplinarischen Massnahmen unterzogen werden muss? Das Ich – das männliche wie das weibliche Ich – muss erst lernen, seinen Körper inklusive sein Geschlecht ohne jegliche Fremdbestimmung so in sein Selbstverhältnis zu integrieren, dass es ihn nicht als Verbrecher betrachtet, sondern als Freund, mit dem man gern Umgang pflegt, weil er das Seine dazu beiträgt, dass das Ich voll und ganz bei sich selbst ist und seine soziale Rolle mit seiner selbstbestimmten Persönlichkeit ausfüllt – zu seinem Wohl und zum Wohl der Gemeinschaft.

Zwischen Vollmond und Sichel

Was treibt junge Menschen in die Magersucht? Zu dieser Frage ist aus medizinischer, psychotherapeutischer und soziologischer Sicht viel gesagt worden. Aber auch die Philosophie kann zur Klärung dieses Problems etwas beitragen. Ich möchte aus der Gender-Perspektive die These vertreten, dass Ess-Störungen, insbesondere Bulimie und Anorexie, etwas mit den patriarchalen Denkmustern und Idealen zu tun haben, durch die wir alle traditionell – kulturell, religiös, wissenschaftlich, alltagssprachlich – geprägt sind.

In der feministischen Philosophie wurde ein Perspektivenwechsel vollzogen, vergleichbar vielleicht der «kopernikanischen Wende», mit welcher Kant die Welt der Objekte nicht mehr als eine dem menschlichen Erkenntnisvermögen vorgegebene, fertige Natur auffasste, sondern als ein Konstrukt wissenschaftlicher Objektivität, die als solche durch die erkenntnisbegründenden Leistungen eines Bewusstseins erzeugt wird. Analog geht die Gendertheorie nicht mehr von der Voraussetzung aus, dass der menschliche Körper eine unauslöschliche, ihm von Natur aus eingeprägte Geschlechtsidentität besitzt, sondern führt diese auf soziokulturelle «Einschreibungen» zurück, durch die der Körper als solcher bestimmt wird.

Entsprechend dekonstruiert die «kopernikanische Wende» der feministischen Ethik im Bereich des Handelns die Voraussetzung einer geschlechtslosen, den Menschen als blosses Vernunftwesen verpflichtenden Moralität durch den Nachweis einer vom männlichen Kollektiv verordneten, nach Geschlechtern unterschiedenen Praxis. Möglich wurde dieser Perspektivenwechsel durch die neue Kategorie *gender*, die es erlaubt, «Geschlecht» als soziales Konstrukt zu verstehen und damit gegen das natürliche Geschlecht (*sex*) abzugrenzen. Aus der Gender-Perspektive stellen sich menschliche Individuen nicht als biologische Wesen mit fixen natürlichen und genetischen Ausstattungen dar, sondern als Wesen, die in ihrem Selbstverständnis durch historische, soziale, kulturelle Prozesse weitgehend so normiert sind, dass diese Normen ihr Körperverständnis entscheidend geprägt und die Geschlechtsidentität entsprechend geformt haben. Der Schwerpunkt feministischer Untersuchungen liegt auf der weiblichen Sozialisation in einer patriarchalen Gesellschaft, doch fällt von dort aus auch der Blick auf die männliche Sozialisation, die jene Stereotype des Männlichen herausgebildet hat, von denen her das Weibliche mit einem Minderwertskoeffizienten versehen ist.

Die Gender-Perspektive erschliesst nicht nur eine andere Sicht der Dinge, sondern generiert auch eine neue Gegenständlichkeit. Vor allem jedoch schärft sie den Blick für das Ausgegrenzte, Ausgeschlossene, Diffamierte, Diskriminierte, das dem blinden Fleck in der herkömmlichen Sichtweise zum Opfer fiel. Das Kunstwort *gender*, das eigentlich das grammatische Geschlecht bezeichnet, wurde deshalb in den feministischen Diskurs eingeführt, um der Reduktion des Weiblichen auf die Biologie mittels der Kategorie *sex* einen Riegel vorzuschieben und damit der These, Frauen seien durch ihre Natur dazu determiniert, eben die gesellschaftliche Position einzunehmen, die sie seit Jahrtausenden innehaben, den Boden zu entziehen. Die Kategorie *gender* wurde mithin als soziokulturelle Kategorie in die feministische Kontroverse eingeführt, um ein auf die naturale Kategorie *sex* gestütztes biologisiertes Gesellschaftsverständnis kritisieren zu können und den Nachweis zu erbringen, dass die Perspektive des männlichen Blicks und die damit angemasste Deutungshoheit es ist, aus welcher wir Männer als Männer und Frauen als Frauen in bestimmter Weise wahrzunehmen gewöhnt sind. Aus der Gender-Perspektive werden soziale Prozesse reflektierbar und biologisch konnotierte Stereotypiebildungen als soziokulturelle männliche Konstrukte sichtbar, die Frauen als gesellschaftlich entwertete Wesen erscheinen lassen. Catharine A. MacKinnon fasste dies plakativ zusammen:

> Die Physiologie der Männer definiert die meisten Sportarten, ihre Bedürfnisse definieren Kraftfahrzeug- und Krankenversicherungen, ihre gesellschaftlich entworfenen Biographien definieren Arbeitsplatzerwartungen und erfolgreiche Karrieremuster, ihre Perspektiven und Anliegen definieren wissenschaftliche Qualität, ihre Erfahrungen und Obsessionen definieren Leistung, ihre Objektivierungen des Lebens definieren die Kunst, ihr Militärdienst

definiert Staatsbürgerschaft, ihre Gegenwart definiert die Familie, ihre Unfähigkeit, miteinander umzugehen – ihre Kriege und Regierungsformen – definiert die Geschichte, ihr Bild definiert Gott, und ihre Genitalien definieren Sex. (Feminism, 1987, 36)

Daran anknüpfend möchte ich zu zeigen versuchen, dass Ess-Störungen wie Bulimie und Anorexie vor dem Hintergrund der altverwurzelten Väterideologie des Runden sich möglicherweise als Formen einer Verweigerung lesen lassen, die aus einer mehr oder weniger bewussten Kritik am Androzentrismus hervorgegangen sind. Da wir diese Ideologie von Kind an adaptiert haben, ist es nicht leicht, sie kritisch zu hinterfragen. Blicken wir weit zurück auf die Anfänge philosophischen Denkens, so fällt auf, dass der Übergang vom Mythos zum Logos mit einer Entbildlichung der Vorstellungen Hand in Hand ging. Die Sinnlichkeit wurde von den griechischen Philosophen abgewertet, weil sie davon überzeugt waren, dass die Sinne kein gesichertes Wissen vermitteln, sondern gerade im Gegenteil eine chaotische Vielfalt aufscheinen lassen und damit in die Zerstreuung führen. Um die Welt theoretisch und praktisch verfügbar zu machen, galt es also, das Viele durch Reduktion auf möglichst wenige rationale Grundmuster zu beherrschen, indem man eine Verstandeslogik ausbildete, die sich an mathematisch-geometrischen Vorbildern orientierte. Wie der Satz des Pythagoras für jedes beliebige einzelne Dreieck gilt, ganz gleich in welcher individuellen stofflichen Form es sich präsentiert, so sollten Gesetze die Natur und Normen die menschlichen Handlungen in ein einheitliches, sie überschaubar und kontrollierbar machendes System einbinden.

Der Punkt wurde zum Modell für das Hier und Jetzt, die Linie für zielgerichtetes Handeln, die Gerade für die Verbindung von Ziel und Mittel durch eine Handlung und der Kreis schliesslich für den Inbegriff von Vollkommenheit. Aristoteles, der hier exemplarisch angeführt werden kann, hat die Kreisbewegung als etwas Göttliches deklariert: Der sich in ewiger Selbstbetrachtung ununterbrochen umkreisende Gott gibt das Vorbild für den menschlichen Verstand ab, der von sich selbst ausgehend in sich selbst zurückkehrt und bei seinen Umrundungen die Totalität des Seienden in sich einschliesst (Nik. Ethik, X, 8–10). Was auf diese Weise kreisförmig umschrieben und innerhalb der durch die Peripherie des Kreises markierten Grenze eingeschlossen wird, ist gesichertes Wissen, das sich durch sein Verhältnis zum Kreismittelpunkt und zur Peripherie auf allgemeingültige Weise bestimmen lässt.

Dieses Ideal des Kreises als Modell für die Vollkommenheit des Wissens und des Kosmos sowie der darin enthaltenen Dinge ist das Grundmuster rationaler Strukturen bis auf den heutigen Tag. Die uralte Vorstellung der kosmischen Schlange, die sich in den eigenen Schwanz beisst – des Ouroboros –, signalisierte innere Geschlossenheit und Selbstmächtigkeit. Anfang und Ende gehen ineinander über und bringen in der Dynamik des kreisförmigen Prozesses zugleich ein statisches Modell zum Ausdruck. Nietzsche hat die Kreismetaphorik häufig benutzt, um seine Theorie von der ewigen Wiederkehr des Gleichen zu veranschaulichen. So sagt etwa Zarathustra: «Ich schliesse Kreise um mich und heilige Grenzen.» Die Tiere Zarathustras sind Adler und Schlange: Während der eine hoch in den Lüften kreist, ringelt sich die andere auf dem Boden. An anderer Stelle vergleicht Zarathustra die spielerische Autonomie eines Kindes mit einem aus sich rollenden Rad. «Und wie ihm die Welt auseinander rollte, so rollt sie sich ihm wieder in Ringen zusammen, als das Werden des Guten durch das Böse, als das Werden der Zwecke aus dem Zufalle» (Zarathustra; KSA 4, 260, 11, 95 ff., 31).

Wenn wir mit ‹rund› etwas Vollkommenes assoziieren, dann aufgrund des Ideals einer geometrischen Rationalität, der daran gelegen ist, die Dinge, ja die Welt als solche zu vereinnahmen, sie sich intellektuell «einzuverleiben» und als ein in die Grenzen des Verstandes eingeschlossenes, dessen Gesetzen unterworfenes Ganzes zu erweisen. Das uralte Kreissymbol steht bereits in den Mythologien für eine in sich gründende und durch sich gegründete Macht, wie Spinoza sie später durch den Ausdruck *causa sui* (Ursache seiner selbst) bezeichnet hat (Ethik, I, Def. 1). Damit scheint mir der Androzentrismus auf den Punkt gebracht zu sein, nämlich auf den Kreismittelpunkt: der männliche Traum schlechthin, alles, was man ist und besitzt, ausschliesslich durch sich selbst und aus eigener Kraft, sprich Potenz, zu sein und zu besitzen. Was eines anderen bedarf, ist abhängig, seiner selbst nicht mächtig und somit unfrei.

Nicht von ungefähr haben die Philosophen sich selbst *qua* Männer als das vollkommene Geschlecht definiert, gehen doch im männlichen Körper Kreis und Gerade – Kopf und Phallus – diametral eine unüberbietbare Einheit von Selbstmächtigkeit und Zielgerichtetheit ein. Frauen hingegen ginge die Vollkommenheit des Männlichen ab. Sie haben zwar ebenfalls einen Kopf und besitzen noch einige Rundungen mehr als die Männer, aber aufgrund des fehlenden Penis ermangeln sie gleichsam des Mittelpunkts, von dem aus in einer Transzendenzbewegung der Radius linear in den Raum ausgezogen und um den Mittelpunkt herumgeführt wird. Während Männer sich selbst als dynamische Konstrukteure von Kreisen und somit als Sinnstifter sehen, betrachten sie Frauen als erstarrte Kreisformen, die nur dadurch zum Leben erweckt werden können, dass die Männer ihnen einen vitalen Mittelpunkt geben. Die daraus resultierende Leibesfrucht dient wiederum als Bestätigung dafür, dass alles Runde letztlich männlichen Ursprungs ist.

Ich könnte mir vorstellen, dass junge Frauen mit Ess-Störungen sich in einer Art Hassliebe zu diesem Denkmuster verhalten, indem sie verzweifelt versuchen, sich dem Vollkommenheitsideal anzunähern, doch auf ihre Weise, sei es, dass sie entweder ihren Körper durch Zuführung von immensen Kalorienmengen aufblähen, um «rund» zu werden, sei es, dass sie sich durch Nahrungsentzug dem sehnigen Körper des Mannes anpassen wollen. Beiden Versuchen gemeinsam ist die Auflehnung gegen die männliche Definition der Frau, verbunden mit der Erfahrung, dass die eigene Definition des Weiblichen nicht gelingt, solange sie am Muster männlicher Formideale festgemacht wird. Daher die mit der Bulimie verbundene Brechsucht, durch welche die Aufblähung bereits im Ansatz wieder rückgängig gemacht werden soll. Und daher das mit der Anorexie einhergehende Bewusstsein von Minderwertigkeit, welchem die Einsicht zugrunde liegt, dass sich der anatomische Unterschied zwischen den Geschlechtern durch Hungern nicht aufheben lässt. Hin- und hergerissen zwischen dem als solchen undurchschauten Androzentrismus unserer Denk- und Bewertungsstrukturen und dem Bedürfnis nach eigenständiger Bestimmung des weiblichen Körpers, endet die Verzweiflung in der Selbstdestruktion mittels Essgewohnheiten, die den Konflikt zwischen unpassendem Denkstereotyp und körperlicher Selbstwahrnehmung widerspiegeln.

Mir scheint, um dieses Problem zu lösen, müssen alle Körperbilder, die sich dem geometrischen Rationalitätstypus verdanken, radikal aufgegeben werden, um Platz zu schaffen für die Konstruktion eigener Selbstentwürfe, für die eine andere Sprache gefunden, ja erfunden werden muss, eine Sprache, die konsequent auf hierarchische, vertikale Muster – damit verbunden auf Herrschaft, Überlegenheit, Gewalt, Unterdrückung, Macht, Potenz – verzichtet und sich stattdessen zum Beispiel auf Bilder und Symbole bezieht, die eine horizontale Vernetztheit oder Verwobenheit signalisieren, wobei durchaus auch eine Entstereotypisierung patriarchaler Denkschablonen möglich ist, etwa derart, dass den Vorstellungen des Runden und des Linearen eine emotionale Komponente zugeschrieben wird: das Runde für Geborgenheit und das Lineare für eine durch Sorge geprägte Wechselbeziehung.

Endlichkeit

Der Körper als Störfaktor im Seelenhaushalt

Das methodische Instrumentarium der Geistes- und Kulturwissenschaften scheint wenig für die Erforschung der *Ursachen* funktioneller Störungen geeignet zu sein. Dennoch trägt eine Analyse des Körperbildes, das in der westlichen Zivilisation über zwei Jahrtausende eine massgebliche Rolle für die Lebensgestaltung gespielt hat, etwas zur Klärung der Herkunft solcher Störungen bei.

Philosophie und Theologie haben das in der abendländischen Kultur vorherrschende dualistische Menschenbild zweieinhalb Jahrtausende lang entscheidend beeinflusst. Obwohl dieser Einfluss heute weniger direkt spürbar ist, nachdem die Kirchen an Bedeutung verloren haben und die Philosophie ihre Rolle als Königin der Wissenschaften eingebüsst hat. Gleichwohl ist unser Wertbewusstsein durch die Tradition nachhaltig geprägt und für unsere Verhaltensmuster nach wie vor unterschwellig bestimmend.

Von idealtypischer Bedeutung für den Stellenwert des Körpers war von Anfang an das Gottesbild. Die Götterwelt Homers trug noch deutlich erkennbare menschliche Züge. Die Götter benahmen sich nicht anders als die Menschen, sie verhielten sich ebenso begehrlich, rachsüchtig, neidisch und launisch wie diese, waren jedoch mit Machtinsignien ausgerüstet, die es ihnen erlaubten, sich nach Belieben zu verkörpern und sogar

Tiergestalten anzunehmen. Zeus etwa bevorzugte bei der Verführung einer Frau den Körper eines Schwans oder eines Stiers. Körperlichkeit war demnach für den Göttervater und seine Nachkommenschaft nichts Anstössiges, sondern wie ein Kleid, das der Gott je nach Bedarf an- und ablegen konnte, um in der Welt der Sterblichen als sichtbares Gegenüber wahrgenommen zu werden, wenn er aus dem Olymp herabstieg.

Das homerische Götterbild änderte sich mit dem Übergang vom Mythos zum Logos, dem die Philosophie ihr Entstehen verdankt. Die neue rationale Perspektive verdrängte die Phantasie und ersetzte die mythischen Erzählungen durch begrifflich-abstraktes Denken. Der Gott verschwand vollständig aus dem Bereich des Irdischen, in welchem alles organische Wachstum den Bedingungen von Raum und Zeit unterworfen und damit vergänglich ist. Als rein geistiges Prinzip präsentierte sich das Göttliche von nun an körperlos als ewiges Sein ausserhalb und unabhängig von der Lebenswelt der Menschen, die von sich aus nur über ihren Geist eine Brücke in das unsinnliche Jenseits schlagen konnten. Durch Versenkung in das Göttliche lernte man, wie sich das Chaos der materiellen Welt durch Prinzipien in den Griff bekommen lässt, die Ordnung stiften und das verworrene Durcheinander des Vielen, Uneinheitlichen logisch strukturieren.

Beide Götterbilder der griechischen Antike – sowohl das mythische als auch das philosophische – tauchten dann im Christentum wieder auf, allerdings in veränderter Reihenfolge und Form. Der Schöpfergott lässt den Logos gleichsam Fleisch werden, indem er die Welt ausspricht und durch das Wort zur Existenz bringt. Obwohl man sich den Gott in der Genesiserzählung des Alten Testaments durchaus bildlich vorstellt wie einen Künstler, der in mehreren Etappen das Universum hervorbringt, ist er seinem Wesen nach ein rein geistiges Formprinzip: *Prinzip* hier wörtlich aus dem lateinischen Wort *principium* übersetzt mit «Anfang»: Gott wird gedacht als ein absoluter Anfang, dem kein anderer Anfang vorausliegt. Es heisst ausdrücklich, Gott habe die Welt aus nichts geschaffen, aus nichts anderem nämlich als sich selbst, so dass er als der unhintergehbare Ausgangspunkt von allem, was ist, begriffen werden muss.

Dass es doch etwas neben Gott gegeben haben muss, die Materie nämlich, die Gott, als Inbegriff des Geistigen, unmöglich aus sich genommen, sondern vorgefunden haben muss, bleibt unerwähnt, weil der Materie, woher immer sie stammen mochte, als form- und gestaltloser Masse keinerlei Bedeutung beigemessen wurde. Erst durch das göttliche Prinzip wird ihr Geist eingehaucht, der sie zu etwas Lebendigem macht und eine Vielfalt von Organismen generiert, die imstande sind, sich selbst aus eigener Kraft zu entwickeln.

Das Universum als sichtbares Abbild des Göttlichen hiess bei den griechischen Philosophen «Kosmos». Der Kosmos präsentierte sich ihnen als ein gegliedertes schönes Ganzes und diente als Vorbild für die menschlichen Sinnproduktionen. Es war nun nicht mehr vorstellbar, dass sich die Götter wie in der Götterwelt Homers nach Lust und Laune in körperliche Wesen verwandelten und Umgang mit den Menschen pflegten. Die unendliche Überlegenheit des Geistigen gegenüber dem Sinnlich-Materiellen schloss eine Verkörperung aus. Im Grunde war es schon für die menschliche Seele unerträglich, in einem Körper residieren zu müssen. Die Seele als Sitz des Geistigen empfand den Körper als Gefängnis, wie es die Anhänger von Pythagoras auf die Kurzform brachten: *soma – sema* (der Körper ist das Grab der Seele).

Um das Eingekerkertsein, die Inkorporation des Geistes, verstehen zu können, musste der antike Mensch einsehen, dass schuldhafte Verfehlungen in einem vorangegangenen Leben die Verkörperung der Seele als eine lebenslängliche Strafe nach sich gezogen hatten. Dies verpflichtete den Sträfling, sich sein ganzes Leben lang darum zu bemühen, die alten Fehler zu vermeiden, indem er in allem, was er dachte, fühlte, wollte und tat, dem Geistigen den Vorrang vor dem Sinnlich-Materiellen gab. Wenn ihm dies gelang, durfte sich seine Seele nach dem Tod des Körpers zum Uranos oberhalb des Himmels aufschwingen, um dort materiell unbeschwert wie der Gott in alle Ewigkeit die Freuden des Geistes zu geniessen. Im Fall des Scheiterns würde die Seele zur Strafe erneut eingekörpert und müsste sich zum wiederholten Mal bis zum nächsten Tod mit den ihrem Wesen fremden stofflichen Dingen abgeben.

Das Christentum hat die Verachtung der Materie von den Griechen übernommen und wie diese den Aufenthalt des Geistes in einem sterblichen Körper als Folge einer Schuld, eines Sündenfalls gedeutet. Anstatt sich für das reine Geistprinzip des körperlosen, unsichtbaren Gottes zu entscheiden, hätten die ersten Menschen mit dem Biss in den Apfel als Symbol für die von der Schlange verheissenen sinnlichen Freuden das Körperlich-Materielle vorgezogen. Konsequenterweise wurde die Bestrafung dann auch am Körper vollzogen, der Krankheiten und Schmerzen erdulden muss, einen Prozess zunehmenden Verfalls durchläuft und am Ende untergeht.

Im griechisch-christlichen Körperbild stellt der Körper als opake schmutzige Masse und wertlose Materie einen äussersten Gegensatz zum reinen, transparenten Geist dar. All die während Jahrhunderten propagierten rituellen Waschungen und Selbstkasteiungen, die Züchtigungen und Geisselungen bis aufs Blut sind einerseits ein Indiz für die Geringschätzung des Materiellen schlechthin und weisen andererseits den Weg, wie der Makel des Körpers als Inbegriff des nicht Begehrenswerten durch systematisch betriebene Reinigungsprozesse und Hygienemassnahmen zur Ausmerzung des Unreinen ausgelöscht werden kann.

Vor dem Hintergrund dieses Körperbildes wird allererst die Ungeheuerlichkeit der Menschwerdung Gottes verständlich, auf die sich das Christentum gründet. Der reine, unbefleckte göttliche Geist soll sich freiwillig in einen Körper begeben und mit Materie verunreinigt haben: welch eine Demütigung und Selbsterniedrigung des Göttlichen. Jesus, der Fleisch gewordene Gott, der anders als die Götter Homers nicht herabsteigt, um sich unter den Menschen zu verlustieren, sondern um ihnen ein Ideal vorzuleben: das Ideal eines Menschen, der sich bereits zeit seines Lebens auf den Tod vorbereitet, indem er materielle Anreize, insbesondere die Ansprüche seines Körpers, so weit wie möglich ignoriert und damit Platz für die Bedürfnisse des Geistig-Seelischen schafft.

Die Botschaft des gekreuzigten Jesus springt ins Auge: Leiden lohnt sich. Es ist ja der Körper, der leidet, während die Seele frohlockt. Je grösser das Leiden, desto sicherer die ewige Seligkeit. Der mit Wunden bedeckte, gemarterte Körper wird durch den Geist erlöst und überwunden. Er wird nicht zum Verschwinden gebracht, sondern verklärt, das heisst: in entmaterialisierter, von Sünden gereinigter Gestalt vergöttlicht und so zu einem ebenbürtigen Partner des Geistes. Als solcher bekommt er einen neuen Namen: Von nun an wird er nicht mehr Körper, sondern Leib genannt – der Leib als der durch Leiden und Schmerzen einer Katharsis unterzogene Körper, der dem körperlosen Göttlichen ebenbürtig wird. Die Auferstehung des Körpers als spiritualisierter, geistig verklärter Leib macht die Selbsterniedrigung Gottes durch die Erhöhung des Menschen wieder rückgängig. Gott holt gleichsam das von ihm abgefallene Andere seiner selbst zu sich zurück ins Geistige.

In Ethik und Moral hat sich das griechisch-christliche Körperbild dahingehend auf das kulturelle Selbstverständnis ausgewirkt, dass seit zweieinhalb Jahrtausenden die Kontrollfunktion der Vernunft unbestritten ist. Die Vernunft masst sich unumschränkte Herrschaft über den Körper an, sie verlangt rigorose Zurückdrängung von Begierden, Trieben und Affekten. Man soll hart sein gegen sich selbst und unnachgiebig auf den Forderungen der Vernunft beharren, um ihrem Machtanspruch, welcher die Ausrottung alles Irrationalen bezweckt, Nachdruck zu verleihen. Francisco de Goyas Bild *Der Schlaf der Vernunft gebiert Ungeheuer* macht anschaulich, was im Körper an Schrecklichem haust, das nur durch die Kontrolle der Vernunft im Zaum gehalten wird und ungehemmt aus ihm herauskriecht, sobald diese Kontrolle nachlässt.

Wie im Gegensatz dazu die auf Vernunft setzende Ethik den Körper formt, kann man ebenfalls an bildlichen Darstellungen studieren. Der männliche nackte Körper vermittelt den Eindruck von Härte und Disziplin: Muskulöses, sehniges, festes Fleisch, in exakt berechneten Proportionen zur Schau gestellt, macht den Triumph des Geistes über den Körper sinnfällig. Ein Zeugnis dafür ist Leonardo da Vincis Musterbild der perfekten, geometrisch vermessenen männlichen Vorderfront.

Der weibliche Körper hingegen präsentiert sich auf vielen klassischen Bildern in weichen Rundungen, fleischig und voluminös, den Eindruck von Nachgiebigkeit und Hingabe erweckend. Frauen, so suggerieren diese Darstellungen, sind nicht fähig zur Härte gegen sich selbst. Sie gehen mehr oder weniger auf in ihrer Körperlichkeit. Um das geringe geistige Potential, über das sie verfügen, zu erhalten, müssen sie der Kontrolle durch die männliche Vernunft unterworfen werden.

Über zweieinhalb Jahrtausende war das griechisch-christliche Körperbild Mainstream. Zwar gab es hin und wieder Versuche, dem Körper mehr Gewicht zu verleihen, im Zuge des Hedonismus etwa, der um Ausgleich bemüht war zwischen den geistigen Anforderungen der Seele und den körperlichen Bedürfnissen, aber er konnte sich nicht durchsetzen, seine klassischen Vertreter (die Epikureer) wurden gar als Lustpropagandisten verhöhnt. Erst in der Neuzeit, mit Descartes und den französischen Materialisten, begann man sich für die Leistungen des Körpers zu interessieren, doch weniger um des Körpers willen als um eine Lösung auf die Frage zu finden, wie man sich eine Kooperation von Körper und Seele vorstellen kann.

Seltsame philosophische Theorien wurden in diesem Zusammenhang offeriert, denen zufolge ein göttliches Wesen entweder mittels Errichtung einer prästabilierten Harmonie dafür gesorgt hätte, dass Körper und Seele wie zwei gleichgeschaltete Uhrwerke ohne jegliche Wechselwirkung von vornherein parallel funktionierten (Leibniz). Oder – wie die so genannten Okkasionalisten behaupteten – Gott leite in jedem Augenblick seelische Impulse zum Körper und umgekehrt. Wenn ich zum Beispiel die Hand heben will, überträgt Gott diesen Entschluss auf meine Hand, die infolgedessen in Bewegung versetzt wird. Descartes hatte Gott nicht so viel Mühe zugemutet, sondern angenommen, dass die Zirbeldrüse als Schaltstelle im Kopf wirkt, wo sie körperliche Regungen in seelische umwandelt und umgekehrt. Wie sie als Körperorgan eine solche Versinnlichung des Geistigen bzw. Vergeistigung des Sinnlichen zu bewerkstelligen vermag, bleibt freilich ein Rätsel.

In der Nachfolge Descartes' gewann die Maschinenmetapher zur Beschreibung des Körpers an Bedeutung. Der Körper als Lebens-, ja Überlebensmaschine muss optimal gewartet werden, weil sonst die Aktivitäten der Seele leiden. Wird die Seele zu sehr abgelenkt durch körperliche Beeinträchtigungen wie überschiessende Emotionen oder starke Schmerzen, kann sie ihren eigentlichen Geschäften nur unzulänglich nachgehen. Um Vernunfteinbussen zu vermeiden, muss sich die Seele daher so weit um den Körper kümmern, als dies für reibungslose Abläufe im organischen Getriebe erforderlich ist. So richtet sie Kontrollmechanismen ein, mittels welcher der Körper überwacht und durch rigorose Unterdrückung der in ihm hausenden Ungeheuer im Gleichgewicht gehalten werden kann.

Beim Blick auf die heutige Zeit fällt auf, dass Selbstkontrolle und Selbstbeherrschung nach wie vor hoch im Rang stehen. Was gut für den Körper ist, bestimmt der Geist, für den von vornherein unwiderruflich feststeht: *No body is perfect.* Erstaunt nimmt er zur Kenntnis, dass sein Knecht trotz aller Bemühungen um ihn manchmal schlapp macht und ausgebrannt seinen Dienst verweigert, weil ihm die Selbstzweckhaftigkeit abgesprochen wird und die durchgehende Instrumentalisierung ihn schwächt. Vielleicht deutet auch die sich weltweit ausbreitende Fettleibigkeit nicht nur auf ein falsches Konsumverhalten hin, sondern bringt mittels Vervielfältigung der Fettmassen einen Protest des Körpers zum Ausdruck, der sich den Schablonen, in die er gepresst werden soll, eigensinnig widersetzt. Dieser Eigen-Sinn, mit dem sich der Körper gegen die ihm einverleibten Körperbilder zur Wehr setzt, kann bis zum Exzess gehen, wie das monströs wuchernde, aufgequollene Fleisch der auf Francis Bacons und Lucian Freuds Gemälden dargestellten Figuren zeigt – gleichsam Zerrbilder des perfekt vermessenen Da-Vinci-Mannes.

Auf dem Weg ins Erwachsenenleben werden schon Kinder ständig mit Körperbildern konfrontiert, die ihr Wertbewusstsein normativ infiltrieren und sie ihren eigenen Körper entsprechend begutachten lassen. Doch das traditionelle Körperbild, das die vorangegangenen Generationen geprägt und sich entsprechend auf die Modellierung des eigenen Körpers ausgewirkt hat, setzt die jungen Leute einer Zerreissprobe aus. Zwar orientieren sie sich vor allem in der Pubertät mehr an den Massstäben ihrer Peergroup, entziehen sich dem Sauberkeitswahn der Eltern, lassen sich ihre Frisuren, die Haarfarbe und Klamotten nicht vorschreiben. Dabei wird vergessen, dass die mit dem Pochen auf Autonomie verbundene Unabhängigkeitserklärung mit der Übernahme von Eigenverantwortung gekoppelt ist. Das überfordert viele, weil einerseits die Prägung durch die alten Massstäbe noch nachwirkt und andererseits mit deren Infragestellung noch keine neuen Normen generiert worden sind, an die man sich selbstverantwortlich halten kann.

Das einzig Feste in dieser schwierigen Zwischen- und Übergangsphase ist der eigene Körper, an dem man die Autonomie ausprobieren kann. Er dient als Experimentierfeld, auf dem sich herausfinden lässt, was man in Bezug auf sich selbst alles kann und wo die Grenzen dieses Könnens liegen. Dazu muss man jedoch die Signale des Körpers zu deuten lernen, ihm Eigenrechte und vor allem das Recht auf Wohlbefinden zugestehen, was nach einer langen Tradition der Verachtung alles Körperlich-Stofflichen nicht leichtfällt. Gerade reflektierte und intellektuell aufgeschlossene Menschen neigen dazu, ihren Körper zu instrumentalisieren und ihn zum Sündenbock zu machen für erlittenen seelischen Schmerz. Den Körper hungern zu lassen, ihn dauerhaft auf Sparration zu setzen, scheint die logische Konsequenz aus dem alten Körperbild zu sein.

Erinnert es nicht an die Selbstgeisselungen und Fastenperioden des Kirchenpersonals im Mittelalter, wenn junge Menschen sich ins Fleisch schneiden und ihren Körper auf Nahrungsentzug setzen? Es hat durchaus etwas Heroisches, wenn man es schafft, Härte gegen sich selbst zu beweisen durch unnachgiebige Kontrolle des Körpers, dessen Verletzungen und Abmagerung in früheren Zeiten erkennen liessen, dass die Botschaft des Kreuzes angekommen war, während sie heute zur Bestätigung für gelungene Autonomie dienen. Ich bin Herr meiner selbst und habe mich im Griff, auch wenn es weh tut. Und gerade weil es weh tut, spüre ich mich mit einer Intensität, die den Schmerz als ein Lustgefühl empfinden lässt.

Der Grat zwischen autonomer Selbstbestimmung und Selbstverlust ist sehr schmal. Den Körper rigoros dem Körperbild anzupassen, das als Konstrukt von Phantasie und Verstand zur persönlichen Norm erhoben wird, ist aus ethischer Perspektive ebenso verfehlt wie das gleichgültige, kritik- und distanzlose Gewährenlassen des Körpers, das Enthemmung und Trägheit zur Folge hat. Das im Zuge verlustreicher Freiheitskriege hart erkämpfte Selbstbestimmungsrecht, welches nicht nur von politischer Bedeutung ist, sondern unter ethischem Gesichtspunkt den autonomen Umgang mit dem eigenen Körper einschliesst, hat als Kehrseite die Pflicht, die Interessen dieses Körpers angemessen zu berücksichtigen: ihn zu pflegen, auf seine Gesundheit zu achten und für sein Wohlbefinden zu sorgen. Dazu muss man lernen, in seinen Körper hineinzuhorchen, die Stimmen, mittels welcher Kopf, Herz, Bauch und Hand ihre Bedürfnisse anmelden, voneinander zu unterscheiden und miteinander in Einklang zu bringen.

Wer sich auf diese Art von *body talk* versteht, wird sich mehr und mehr in jene Haltung einüben, die der oft missverstandene Hedonismus Epikurs und seiner Anhänger empfohlen hat: Er zielte keineswegs auf hemmungslosen Genuss um des Genusses willen. Vielmehr bedeutete das griechische Wort *hedoné* – das meistens mit «Lust» übersetzt wird und uns Nachfreudianer vorschnell an Wollust denken lässt – ein ganzheitliches Wohlbefinden, das einen Zustand beschreibt, in dem weder der Geist noch der Körper zu kurz kommt oder übermässig privilegiert wird. Im Zentrum des Hedonismus stand daher der Begriff des Masses. Das richtige Mass sorgt für die Balance zwischen einem Zuwenig und einem Zuviel, und wer es schafft, sein individuelles Mass zu finden, ist ein ausgeglichener Mensch, der in Kenntnis seiner Höhen und Tiefen um Ausgewogenheit kämpft und jedes Mal, wenn ihm dies gelingt, Freude empfindet. Diese Empfindung lässt sich als ein ebenso körperliches wie seelisches Glücksgefühl beschreiben, das den Menschen durch und durch erfüllt. Nicht mehr hin- und hergerissen zwischen zwei feindlichen Lagern, stellt sich im menschlichen Gemüt eine Grundzufriedenheit ein, die funktionellen Störungen den Boden entzieht, indem sie für Frieden im Leib-Seele-Haushalt sorgt.

Schwäche

Die Wörter *schwach* und *Schwäche* haben in der Alltagssprache einen negativen Beiklang. Sie drücken einen Mangel aus, einen Mangel an Kraft und Stärke. Kraft und Stärke gelten allgemein als die Eigenschaften, die uns für den Lebenskampf, ja den Überlebenskampf fit machen. Wem es an Stärke und Kraft fehlt, dem Schwachen also, wird unterstellt, dass er keine optimalen Chancen hat, ein gutes Leben zu führen.

Gehen wir in einem ersten Schritt diesen negativen Bedeutungen von Schwäche nach. Typische Beispiele aus der Wortgeschichte und der Literatur zeigen, in welchem Kontext von Schwäche die Rede ist und was damit gemeint ist. In einem zweiten Schritt werde ich auf Möglichkeiten eingehen, wie sich eine vermeintliche Schwäche kompensieren lässt. Dabei wird sich zeigen, dass die attestierte Schwäche durchaus einen festen Kern ausbilden kann, der die Schwäche nicht nur stabilisiert, sondern ihr eine Stärke und eine Kraft verleiht, die sich in der Bewältigung des Alltags als mindestens gleichwertige, wenn nicht gar überlegene Lebenskunst erweist.

Machen wir den Auftakt mit der Wort- und Bedeutungsgeschichte. Im Mittelhochdeutschen bezog sich das Wort *swach* auf etwas, das als schlecht, gering, unedel, niedrig, armselig, verachtet, kraftlos eingeschätzt wurde. Im Mittelniederdeutschen meinte das Verb *swac(k)en* so viel wie wackeln, schwanken. Alle diese negativen Bedeutungen finden wir auch in bekannten Zitaten. «Der Geist ist willig, aber das Fleisch ist schwach», heisst es in der Bibel (Matt 26, 41). Das Fleisch also lässt den Geist schwanken. Er will zwar seinem edlen Geschäft nachgehen, ist bereit, von seinen Geistesgaben – Verstand und Vernunft – Gebrauch zu machen, aber das Fleisch, das Materielle, lenkt ihn ab. Es schwächt ihn so sehr, dass er sich dem Genuss hingibt, anstatt sich mit den Idealen des Wahren, Guten und Schönen zu befassen.

Von dort ist es nicht weit bis zum Zitat aus Shakespeares *Hamlet:* «Schwachheit, dein Name ist Weib.» (I, 2) Das Fleisch und die damit verbundene Fleischeslust wurden oft mit den Frauen assoziiert. Da sie der Härte und Muskelkraft des männlichen Körpers nichts Vergleichbares entgegenzusetzen hatten, bezeichnete man sie als das schwache Geschlecht in der doppelten Bedeutung, dass sie einerseits physisch weniger Kraft hatten, andererseits die Männer durch ihre Verführungskünste zu Fall brachten und auch sie damit schwächten. Wer eine Schwäche für Frauen hat, so die These, wird selber schwach und damit zum Schwächling.

Ein Schwächling ist gesundheitlich nicht auf der Höhe. Er entspricht nicht dem Durchschnittsmass und bleibt weit hinter seinen Fähigkeiten zurück. Jemand ist schwach auf der Brust oder auf der Lunge, will sagen: Er pfeift aus dem letzten Loch. Wer schwach auf den Augen ist, hat eine eingeschränkte Sehschärfe. Ein schwacher Magen hat ein Verdauungsproblem. Was auf schwachen Füssen steht, wackelt schnell und ist ständigen Schwankungen unterworfen. Früher bezeichnete man geistig eingeschränkte Menschen als Schwachsinnige, da sie den Sinn von allem nicht begriffen. Heute hört man oft den Vorwurf «Das ist doch purer Schwachsinn», wenn jemand etwas sagt, das unter rationalen Gesichtspunkten als unsinnig erscheint.

Wie verhält es sich mit der Charakterschwäche? Während gesundheitliche Schwächen, sofern man sie nicht selbst etwa durch Genussgifte verursacht hat, als naturgegeben hingenommen werden, gilt Charakterschwäche als moralisch verwerflich. Wer sich um seine sozialen Verpflichtungen drückt und nur den eigenen Vorteil im Auge hat, erweist sich als unzuverlässiges Mitglied der Gesellschaft. Charakterschwäche ist ein selbst verschuldetes moralisches Manko, das zu Recht getadelt wird. Im Unterschied dazu wird Charakterstärke als Verdienst angerechnet. Wer sich durch seine Bemühungen um normgerechtes und wertorientiertes Verhalten als anständiger Mensch erwiesen hat, ist vertrauenswürdig.

Dass von Schwäche in erster Linie im Zusammenhang mit dem Körper die Rede ist, scheint darin begründet zu sein, dass der Körper wie alles Organische vergänglich ist. Vergängliches altert im Verlauf der Zeit und wird irgendwann ein Ende haben. Seit jeher haben grosse Philosophen das Werden im Vergleich mit dem ewigen Sein für minderwertig erklärt und über mögliche Auswege spekuliert, die einen Trost für die Vergänglichkeit versprechen. Mit dem Blick auf die zirkulären Naturprozesse, wonach sich die Jahreszeiten in einem festen Rhythmus abwechseln und auf den Winter wieder ein Frühling folgt, in dem alles von neuem erblüht, haben Vertreter der Wiedergeburtslehre wie die Pythagoräer die These vertreten, dass der Tod kein absolutes Ende sei, sondern den Übergang in ein neues Leben ermögliche. Im Verlauf eines Lebens verschleisse sich nur der Körper, während die Seele als der Sitz des Ewigen im Menschen den Tod des Körpers überlebe und wieder neu eingekörpert werden könne.

Sokrates allerdings sah in der erneuten Verkörperung der Seele eine Strafe für die Charakterschwachen. Nur wer kein anständiges Leben geführt hatte, musste sich in einem neuen Körper bewähren, und erst wenn ihm dies gelang, wurde er von den Göttern damit belohnt, dass er sich als nunmehr reine Seele in alle Ewigkeit auf den Inseln der Glückseligkeit aufhalten durfte. Dieser Mythos verspricht in christlicher Version denen, die ein gottesfürchtiges Leben geführt haben, eine ewige Seligkeit nach dem Ende aller Zeiten, wenn sie als Wiederauferstandene in den Himmel und damit in die Nähe Gottes kommen.

Traditionell wurde also in der westlichen Kultur die Schwäche an einem Körper festgemacht, der Raum-Zeit-Bedingungen unterworfen ist und keine Chance hat, die Spanne zwischen Geburt und Tod durch einen Sprung in die Ewigkeit zu überwinden. Deshalb bestand der eigentliche Skandal für viele Philosophen in der Sterblichkeit des Menschen. All die Versuche, durch grosse Werke in die Geschichte einzugehen und sich im Nachruhm ein Stückchen Ewigkeit zu ergattern, zeugen von der Sehnsucht, der eigenen Vergänglichkeit ein Schnippchen zu schlagen und über den Tod hinaus im Gedächtnis der Menschheit zu bleiben. Wenigstens die Zeugung von Kindern sollte dazu beitragen, dass mit dem Untergang des Körpers nicht alles verloren war, sondern immerhin das eigene Geschlecht sich fortpflanzte.

Das Wissen um eine Schwäche kann auch Gefahren vorbeugen. So wollte Odysseus, der eine Schwäche für Musik hatte, unbedingt den betörenden Gesang der Sirenen hören, wohl wissend, dass ihre Insel übersät war mit Gebeinen und Wrackteilen von Seefahrern, die dem Sirenengesang verfallen und mit ihren Booten an den Klippen zerschellt waren. Um diesem Schicksal zu entgehen und trotzdem den Gesang der Sirenen hören zu können, liess sich Odysseus an den Mast seines Schiffes binden, nachdem er angeordnet hatte, dass die Matrosen ihre Ohren mit Wachs verstopften. So kamen sie unbeschadet durch die Meerenge, obwohl Odysseus die Wonnen des musikalischen Genusses gefahrlos voll auskostete.

Auch Menschen, die an ihre körperlichen Grenzen zu gehen versuchen, Extremsportler zum Beispiel, wollen ihre Schwächen ausloten, indem sie Dinge tun, die aufgrund der körperlichen Beschaffenheit menschlicher Wesen eigentlich unmöglich sind. Menschen können nicht fliegen. Diese Schwäche lässt sich jedoch durch flügelähnliche Gebilde wie Lenkdrachen oder Paraglider kompensieren. Wer infolge harten Trainings an seine Grenze gehen oder diese weiter hinausschieben möchte, verneint nicht grundsätzlich seine Schwächen. Er weiss, dass er seine Endlichkeit nicht überwinden kann und immer an Grenzen stossen wird, die ihm Einhalt gebieten. Aber die Steigerung seines Kräftepotentials, verbunden mit einer wirksamen Kontrolle seiner Aktivitäten, trägt dazu bei, dass er sich als seiner selbst mächtig erlebt, als ein autonomes Wesen, das sich seiner Grenzen vergewissert, indem es damit experimentiert, um zu testen, wie weit es zu gehen vermag.

Wieder anders wird man seiner Schwächen Herr, wenn man auf die Stärke eines anderen vertrauen kann, der einen stützt. In westlichen Kulturen ist es die Figur Jesus Christus, die dies beispielhaft vor Augen führt. Jesus ist zwar der Sohn Gottes, aber gelebt hat er als Mensch und damit als ein sterbliches Wesen aus Fleisch und Blut, geboren mit einem leidensfähigen Körper, der sich am Ende in Todesqualen windet. Was ihn von anderen Menschen unterscheidet, ist seine Fähigkeit, Wunder zu wirken. Aber er ist nicht im Besitz der väterlichen Allmacht, sondern hat wie alle Menschen Schwächen und verzweifelt hin und wieder über seine Ohnmacht. Was ihm dann hilft, ist sein Glaube an Gott, sein Vertrauen darauf, dass dessen Stärke ihn retten wird. Auferstehung und Himmelfahrt Jesu Christi sind ein Indiz dafür, dass die menschlichen Schwächen aufgehoben sind in der Liebe eines Gottes, der seine Geschöpfe nicht im Stich lässt, eines Gottes, auf den man sich jederzeit verlassen kann.

Wer nicht auf seine eigene Stärke oder auf die starke Schulter eines anderen setzen kann, hat immer noch die Möglichkeit, auf die Gruppenstärke eines Kollektivs zu bauen. «Gemeinsam sind wir stark», lautet ein bekannter Slogan. Wo der Einzelne zu schwach ist, um seine Ziele zu erreichen, kann er sich mit Gleichgesinnten verbünden und damit seine Kräfte vervielfältigen. Barack Obamas Appell «Yes, we can» und Angela Merkels Versicherung «Wir schaffen das» mobilisieren ebendieses Kräftepotential, das in einer Demokratie durch das Prinzip der Solidarität aktiviert wird. Solidarität basiert auf dem Wissen um die Schwächen der einzelnen Menschen, aber im gemeinsamen Tragen und Ertragen dieser Schwächen erzeugt sie ein starkes Netz zwischenmenschlicher Beziehungen, in dem der Einzelne sich aufgehoben fühlt. Die spezielle Schwäche des einen wird kompensiert durch die spezielle Stärke eines anderen, der seinerseits Schwächen hat, die von Stärkeren aufgefangen werden.

Dies gilt auch für den Umgang mit dem Alter. Mit dem Älter*werden* haben die meisten keine Mühe, denn älter werden ja alle, nicht nur Angehörige einer bestimmten Altersgruppe. Selbst ein neu geborenes Kind wird jeden Tag älter. Dieser natürliche Vorgang des Älterwerdens hat nichts Anstössiges. Kinder und Jugendliche möchten sogar manchmal ganz dringend und so rasch wie möglich älter werden, um selbstbestimmte Entscheidungen treffen zu können.

Im Unterschied zum *Älter*werden wird jedoch das *Alt*werden als negativ empfunden. ‹Ich werde langsam alt›, pflegt jemand zu sagen, wenn er Dinge verlegt oder Namen vergisst und die zunehmende Schwäche seiner Gliedmassen spürt. Da jedoch im Wort «Altwerden» noch ein Rest des natürlichen Alterungsprozesses mitgehört wird, kommt den meisten das Altwerden weniger schlimm vor als das Alt*sein*. Alt zu *sein* bedeutet etwas Statisches, verweist auf einen Zustand, der sich nicht mehr ändert und damit jener Phase vorangeht, in der es kein Leben mehr geben wird. Das macht verständlich, warum wir uns mit dem Altwerden arrangieren, aber auf keinen Fall alt sein wollen.

Deshalb wollen die meisten die Phase des Alt*werdens*, die ungefähr um das 70. Lebensjahr herum beginnt, möglichst so gestalten, dass die Phase des Alt*seins* – des so genannten Greisentums – und die damit einhergehenden körperlichen und geistigen Beeinträchtigungen möglichst lange hinausgeschoben, bestenfalls gar nicht mehr erlebt werden. Dass man dazu selbst durch die so genannte Altersweisheit etwas beitragen kann und soll, darüber hat sich Immanuel Kant im Alter von 73 Jahren in seiner Schrift *Der Streit der Fakultäten* (1798) ausgelassen. Man könne, so seine These, durch eine vernünftige Lebensweise seine Lebensqualität langfristig erhalten. Die Sorge um sich selbst sollten nämlich nach Kants Meinung mündige Menschen nicht an andere delegieren, sondern so weit wie möglich in ihrem persönlichen Verantwortungsbereich wahrnehmen. Voraussetzung dafür sei der Erwerb von Weisheit.

Kant, der unverheiratet war, pflegte zeit seines Lebens mit Freunden und Bekannten in seinem Haus an einer grossen Tafel zu speisen und sich dabei angeregt über Gott und die Welt zu unterhalten. Kant führte das lateinische Wort für Weisheit, *sapientia*, auf das Verb *sapere* = schmecken zurück. Weisheit verdankt sich demzufolge einem guten Geschmack. Je mehr Unterschiede einer beim Genuss einer Mahlzeit, eines Weines herausschmeckt, desto differenzierter vermag er auch andere Dinge zu beurteilen. Die Urteilsfähigkeit des Gaumens, in die man sich zu Tisch beim Austausch mit anderen über das Genossene einübt und dabei seinen Geschmack bildet, ist das Vorbild für die intellektuelle und die moralische Urteilsbildung. Auch dort geht es um die differenzierte Betrachtung komplexer Sachverhalte am Leitfaden gemeinsam vergewisserter Gütestandards.

Tischgespräche sind somit für den sozialen Kontext von erheblicher Bedeutung, denn in Gesellschaft eingenommene Mahlzeiten fördern im Sinne einer rituellen Kulturtechnik den Zusammenhalt durch Einübung in erwünschtes Regelverhalten. Sprachregeln, Benimmregeln, moralische Regeln werden nach dem Muster der Kultivierung des Geschmacks gelernt, und auf diese Weise assoziiert man mit dem Gebrauch von Regeln auch dort noch einen Genuss, wo man gehalten ist, seine Pflichten zu erfüllen, unabhängig davon, ob damit Lust- oder Unlustgefühle verbunden sind.

Es scheint also tatsächlich eine direkte Verbindung zwischen *sapere* = schmecken und *sapientia* = Weisheit zu geben. Die Weisheit des Geschmackskundigen besteht darin, dass er es versteht, Genuss und Urteilskraft kommunikativ miteinander zu verbinden. So ist er nicht einsamer Geniesser unter anderen einsamen Geniessern, sondern vertieft sich mitteilsam mit diesen in den Genuss, und dabei entsteht eine Basis für alle übrigen Formen einer sprachlich vermittelten Interaktion und Kooperation. Die bei Speis' und Trank um den Tisch Versammelten lernen, Meinungsverschiedenheiten und Konflikte gewaltfrei, das heisst mit den Mitteln des Dialogs und nicht durch Schwächung des Gegners, zu lösen.

Wichtig waren für Kant auch die Erfahrungen, die er mit seinem Körper gemacht hatte. Daraus leitete er Regeln für den richtigen Umgang mit sich selbst ab. Lange zu schlafen, schien ihm «krafterschöpfend», so wie überhaupt das Bett «das Nest einer Menge von Krankheiten» sei (Streit, 376). Sich im Alter zu schonen, fördere frühes Altsein und bewirke eine Verkürzung des Lebens. Das Philosophieren empfiehlt er als probates Mittel zur Abwehr unangenehmer Gefühle, speziell der Hypochondrie. Geistlose Hobbys hingegen führten zur Verdummung. Als Beispiel dafür beschreibt er jemanden, der «in der Abfütterung und Pflege seiner Singvögel hinreichende Beschäftigung fand, um die Zeit zwischen seiner eigenen Abfütterung und dem Schlaf auszufüllen» (ebd., 378). Ohnehin sei eine Diät sowohl in Bezug auf die Essgewohnheiten als auch auf das Denken ratsam. Wer seine Mahlzeiten allein einnehme und dabei lese oder schwere Gedanken wälze, belästige seinen Magen durch unangemessene Kopfarbeit und beeinträchtige seine Verdauung.

Man mag über den einen oder anderen Rat lächeln, aber grundsätzlich hat Kant recht: Jeder Mensch ist für sich selbst verantwortlich; er muss so lange es geht für seine physische und psychische Gesundheit Sorge tragen, indem er auf die speziellen Bedürfnisse seines Körpers und seiner Seele achtet und erst einmal nach eigenen Rezepten für sein individuelles gutes Leben Ausschau hält, bevor er ärztlichen Rat einholt. Der mündige Patient oder das, was heute mit Patientenautonomie bezeichnet wird, beinhaltete für Kant eine starke Eigenverantwortung für die Gesundheit. Im übertragenen Sinn geht es darum, in persönlichen Angelegenheiten nicht blindgläubig Rezepte von anderen zu übernehmen, sondern sich aus einer kritischen Distanz ein eigenes Urteil zu bilden und gleichsam im Selbstexperiment auf der Basis eigener Erfahrungen zu testen, wie sich individuelle Gesundheits- und Lebensprobleme lösen und die damit verbundenen Schwächen minimieren lassen.

Weisheit, speziell Altersweisheit, scheint ein probates Mittel im Umgang mit Schwächen zu sein. Je mehr und je unterschiedlichere Situationen jemand erlebt hat, in denen seine Urteilskraft geschult wurde durch Augenmass, sachgerechtes Nachdenken und emotionale Anteilnahme, desto besser gelingt es ihm, seine Stärken und Schwächen richtig einzuschätzen. Weise ist jemand, der nicht eine bestimmte Sichtweise, nämlich seine eigene, verabsolutiert, sondern möglichst viele Standpunkte zu prüfen bereit ist, um sich – multiperspektivisch – ein umfassendes Bild von einem Problem zu machen. Je älter ein Mensch ist, desto mehr Perspektiven hat er in seinem Leben nicht nur theoretisch, sondern auch in der Praxis kennen gelernt. Er weiss, was alles berücksichtigt werden muss, damit eine sachlich angemessene Lösung zustande kommt. Und von dieser Altersweisheit profitiert auch die Gemeinschaft, wenn sie bei der Bewältigung von Gefahren auf den breiten Erfahrungsschatz ihrer Weisen zurückgreift.

Weisheit macht gelassen. Die eigentliche Lebenskunst besteht darin, die Dinge auch einmal lassen zu können, alles loszulassen und einfach nur man selbst zu sein, ohne die Probleme zu leugnen, die ein schwerer Schicksalsschlag, ein kranker Körper, eine seelische Verletzung mit sich bringen. Gelassenheit macht hellsichtig, öffnet die Augen für das, was wirklich wichtig ist im Leben, und trägt so dazu bei, dass man sich sinnvolle Ziele setzt, die unter Berücksichtigung der Umstände wirklich erreichbar sind. Gelassenheit lässt auch Trauer zu über verpasste Chancen und über das nicht Machbare. Es geht also insgesamt darum, ein auf die eigene Person im Rahmen ihrer besonderen Lebensverhältnisse zugeschnittenes konsequentes Sinnmanagement zu betreiben. Dann lässt sich sogar der körperliche Zerfall zweier Liebender ertragen, wie ihn die Tänzerin Valeska Gert in einem Liebesgedicht geradezu genüsslich beschreibt:

Für ewig möcht ich mit dir begraben sein,
Kopf an Kopf und Knochenbein an Knochenbein.
Das Sterben selbst tät mich nicht graulen,
Könnt ich mit dir zusammen faulen.
(Bettlerbar, 5)

Sozialtauglichkeit

Verantwortung als soziale Kompetenz

Das Wort *Verantwortung* ist in der deutschen Sprache seit etwa 1450 nachweisbar. Es stammt aus dem Gerichtswesen: Jemand, der öffentlich zur Verantwortung gezogen wurde, musste sich für ein ihm unterstelltes Vergehen rechtfertigen. Nach und nach fand der Verantwortungsbegriff Eingang in alle Handlungsfelder: im Alltagsbereich ebenso wie in den Wissenschaften und Berufssparten. Im 20. Jahrhundert wurde *Verantwortung* dann zur ethischen Schlüsselkategorie, die jene grundlegende menschliche Fähigkeit qualifiziert, die wir soziale Kompetenz nennen.

Soziale Kompetenz entwickelt man im Umgang mit anderen, sei es in einer Partnerschaft, sei es in der Familie oder im Beruf. Da Arbeit einen wesentlichen Bestandteil des Lebens ausmacht und das Selbstwertgefühl sich in beträchtlichem Mass aus den beruflichen Leistungen und Erfolgen speist, ist die Verinnerlichung der Berufsmoral ein entscheidender Faktor für das Sozialprestige, die gesellschaftliche Anerkennung einer Person.

Mit Arbeits- bzw. Berufsmoral oder Standesethos wird einerseits die Einstellung zur ausgeübten beruflichen Tätigkeit bezeichnet, das persönliche Engagement also, mit dem man seine Kräfte im Beruf einsetzt. Andererseits ist mit Berufsmoral das Ensemble jener Regeln gemeint, wie sie zum Beispiel in einem Pflichtenheft zusammengefasst sind. Solche Regeln, die verbindliche Richtlinien für das berufliche Verhalten vorgeben, beziehen sich je nach Tätigkeit auf den Umgang mit Materialien, mit Menschen oder Tieren. Hygienemassnahmen fallen darunter ebenso wie Sorgfaltspflichten, Vorschriften über den Schutz und die Sicherheit der Mitarbeiter, Kundenfreundlichkeit und die Loyalität gegenüber den Vorgesetzten. Die Berufsmoral stärkt das individuelle Verantwortungsbewusstsein und steckt den Handlungsspielraum ab, innerhalb dessen die Arbeitsleistung erbracht werden muss und hinsichtlich ihrer Qualität und Effizienz bewertet wird.

Die Berufsmoral ist ein Teilgebiet der Ethik. Ethik als Theorie der Moral hat die Aufgabe, die Menschen bezüglich der moralischen Anforderungen ihres Handelns so aufzuklären, dass sie imstande sind, sich sozial kompetent zu verhalten und eigenverantwortlich Entscheidungen zu treffen. Verantwortung ist daher eine zentrale ethische Kategorie, von welcher her sich moralisches Handeln gut charakterisieren lässt. Das Wort begegnet uns überdies allenthalben: Jemand wird zur Verantwortung gezogen, ein anderer erklärt sich für verantwortlich, wieder ein anderer lehnt jede Verantwortung ab oder muss sich den Vorwurf gefallen lassen, unverantwortlich gehandelt zu haben. Was bedeuten diese Redeweisen?

Beginnen wir mit einer Analyse des Verbs «sich verantworten», um einen Einstieg in die Ethik der Verantwortung zu gewinnen. Drei Aspekte bieten sich an, unter denen der Vorgang des Sich-Verantwortens erläutert werden kann, wenn man die Strukturmomente, die im Verb «sich verantworten» stecken, hervorhebt: sich – vor einer Instanz – für etwas – verantworten.

(1.) Das «sich» im Ausdruck «sich verantworten» verweist auf die handelnde Person, die Rechenschaft ablegen soll über ihr Handeln. Ihr wird als eine wesentliche Voraussetzung unterstellt, dass sie autonom, also zu selbstbestimmtem Handeln fähig ist. Von Verantwortung kann sinnvollerweise nur die Rede sein, wenn jemand seine Ziele und Präferenzen frei zu wählen vermag, und zwar nicht beliebig, nach privatem Gutdünken, sondern gemäss der Verpflichtung, dass man für sich persönlich nur die Freiheiten in Anspruch nehmen darf, die man prinzipiell auch allen anderen Menschen zugesteht. Autonom handelt, wer seine Ziele nach Massgabe des für alle Handelnden in gleicher Weise verbindlichen Freiheitsprinzips wählt und damit anerkennt, dass niemand berechtigt ist, seine Ansprüche auf Kosten der Freiheit anderer durchzusetzen.

Nur unter der Voraussetzung also, dass jemand, den man zur Verantwortung zieht, eine autonome Person ist, kann der Betreffende dazu aufgefordert werden, Rechenschaft über sein Tun abzulegen. Tiere und Unmündige sind nicht verantwortlich für ihre Handlungen, denn sie wissen nicht, was sie tun, insofern sie ihre Ziele nicht eigenständig nach Massgabe des Freiheitsprinzips zu bestimmen vermögen. Aus diesem Grund sagen wir, sie seien unzurechnungsfähig, weil wir ihnen ihre Handlungen nicht als überlegte Taten zurechnen können. Sie handeln nicht im eigentlichen Sinn des Wortes, vielmehr handelt in ihnen etwas für sie: ein Instinkt, ein Trieb, ein Unbewusstes.

(2.) Die Instanz, *vor* welcher die handelnde Person sich zu verantworten hat, muss ebenfalls autonom sein, da nur eine solche die Befugnis hat, von jemandem Rechenschaft zu verlangen. Nur Gleichberechtigte können sich gegenseitig zur Verantwortung ziehen, insofern das Freiheitsprinzip der gemeinsame Beurteilungsmassstab ist, an dem Handlungen kritisch überprüft werden. Die Instanz, vor der ich Verantwortung ablege, kann bzw. können demnach sowohl ich selbst als auch jemand anders oder mehrere andere Personen sein. Im ersten Fall beziehen sich das «sich» und das «vor» auf dieselbe Person, nämlich auf mich selbst.

Ich kann mich selbst zur Verantwortung ziehen für mein Handeln, indem ich mir Vorwürfe mache oder mir meine Schuld eingestehe oder gute Gründe anführe, die mich vor mir selbst entlasten. Wir neigen dazu, Schuld zu delegieren, einen Sündenbock zu suchen, um Verantwortung abzuschieben. Aber eine sorgfältige und ehrliche Selbsterforschung fördert schonungslos den eigenen Anteil an Schuld zutage. Sind es andere, vor denen ich mich zu verantworten habe, so sind sie es, die Vorwürfe erheben, mich anklagen oder meine Entlastungsgründe prüfen. In beiden Fällen wird das abschliessende Urteil auf der Basis von Rede und Gegenrede gefällt. Wer sich verantwortet, muss «Red' und Antwort stehen», auch wenn die Instanz, vor der er antwortet, er selbst ist. Er spricht dann gleichsam «zu seinem Gewissen», und das Gewissen verurteilt ihn schliesslich oder spricht ihn frei, je nachdem mit welcher Überzeugungskraft er darlegen konnte, dass er seine Verantwortung wahrgenommen hat bzw. nicht angemessen wahrnehmen konnte.

(3.) Nach dem «sich» und dem «vor» fehlt noch die Analyse des «für». Wer verantwortlich ist, ist dies immer für etwas, für eine Handlung und ihre Folgen. Es müssen keineswegs nur die eigenen Handlungen sein, die es zu verantworten gilt. Auch für die Handlungen anderer kann man Verantwortung übernehmen. «Eltern haften für ihre Kinder», lesen wir auf Verbotsschildern. Die Eltern sind also verantwortlich, wenn durch das Spiel der Kinder etwas beschädigt oder zerstört wird. Der Architekt ist verantwortlich für Mängel am Bau. Man belangt ihn für unsachgemässe Handlungen der Maurer, Elektriker, Hilfsarbeiter. Und der Architekt kann seinerseits den Chef der Firma belangen, der er die Ausführung der Arbeiten übertragen hat, wenn der Fehler auf deren Konto geht.

Man kann mithin stellvertretend für andere Verantwortung tragen, und zwar genau dort, wo hierarchische Verhältnisse bestehen, die entweder aus der Beziehung zwischen Mündigen und Unmündigen resultieren (Eltern-Kind-Beispiel) oder aus vertraglich geregelten Kompetenzzuweisungen (Beispiel des Architekten und des Baupersonals). Die Handlungen, für die eine handelnde Person verantwortlich ist, sind nicht nur die vergangenen Handlungen. Auch geplante Handlungen sind rechenschaftspflichtig. Zukünftige Handlungen müssen daher unter dem Gesichtspunkt der Verantwortung so überlegt werden, dass sich ihre Ausführung mit guten Gründen verteidigen lässt. So genannte Technikfolgenabschätzungskommissionen sind zum Beispiel damit beschäftigt, potentielle Schäden einer Technologie gegen ihren vermuteten Nutzen abzuwägen und die entsprechenden Verantwortlichkeiten festzulegen. Der Super-GAU als schlimmstmögliches Szenario weist eine Technik als unverantwortlich aus und verbietet sie.

Unter die Handlungen, die der persönlichen Verantwortung unterstehen, fallen auch jene, die man unterlassen hat. Die Entscheidung, etwas *nicht* zu tun oder gar nichts zu tun, kann Folgen haben, für die wir geradestehen müssen, z. B. eine unterlassene Hilfeleistung oder das Vergessen eines Gerichtstermins.

Das «für» bezieht sich also auf eigene und fremde Handlungen. Es kann sich schliesslich auch auf Personen beziehen, die unserer Fürsorge und Sorgfaltspflicht unterstellt sind. In dem Fall sind wir für das Wohlergehen dieser Personen verantwortlich, müssen sie vor Schaden bewahren und sie zur Erreichung ihrer Ziele nach Kräften unterstützen. So ist etwa der Arzt für die Wiederherstellung der Gesundheit seiner Patientinnen und Patienten, der Tramchauffeur für die Sicherheit seiner Fahrgäste verantwortlich.

Nach dieser Charakterisierung des «sich», des «vor» und des «für» haben wir einen ersten Eindruck davon gewonnen, was es heisst, sich vor jemandem für etwas zu verantworten. Als Nächstes sind nun nun die Gründe zu untersuchen, warum jemand zur Verantwortung gezogen wird und in welcher Weise dies geschieht. Dazu ist es hilfreich, noch einmal einen Blick zurück auf die Geschichte des Wortes «verantworten» zu werfen, das, wie anfangs gesagt, erst im Mittelhochdeutschen (ab 1450) auftaucht, und zwar, wie das Grimm'sche Wörterbuch dokumentiert, überwiegend in Zusammenhängen des Rechtslebens: Man muss sich vor einem zivilen Gericht rechtfertigen, aber auch vor Gott, der beim Jüngsten Gericht sein Urteil über jeden einzelnen Menschen fällen wird.

Dieser Hinweis auf die juristische Herkunft des Verantwortungsbegriffs macht verständlich, warum auch wir heute die Vorstellung eines Gerichts assoziieren, wenn wir von Verantwortung sprechen. Wir deuten das «vor» in der Regel als eine Instanz, die Richterfunktion hat, sei es das eigene Gewissen, sei es ein anderer Mensch oder eine Gruppe von Menschen, sei es eine gerichtsähnliche Versammlung. Da jede autonome Person befugt ist, dieses Richteramt auszuüben, hat jede und jeder das Recht, jemanden zur Verantwortung zu ziehen und Rechenschaft über sein Tun zu fordern, nämlich immer dann, wenn der begründete Verdacht besteht, dass er oder sie fahrlässig bzw. unverantwortlich gehandelt hat. Die Instanz, welche die Richterfunktion ausübt, stellt sich auf den Standpunkt der von der Handlung Betroffenen – der Opfer –, um stellvertretend für diese deren Interessen wahrzunehmen.

Das ist die Ausgangssituation für den sich anschliessenden Verantwortungsdiskurs. Im Verlauf dieses Diskurses kann alles problematisiert werden, sowohl das «sich» als auch das «vor» und das «für». Nehmen wir ein unkompliziertes Beispiel. Ein Autofahrer gerät bei erheblicher Geschwindigkeitsüberschreitung in eine Radarfalle und bekommt eine saftige Rechnung zugeschickt. Er weist die Verantwortung jedoch weit von sich und kann beweisen, dass er sich zur fraglichen Zeit weit weg vom Geschehen aufgehalten hat. Ein Firmenmitglied hatte das Auto benutzt. In diesem Beispiel ergeht die Aufforderung, für verantwortungsloses Handeln eine Busse zu entrichten, an den falschen Adressaten, also nicht an das richtige «sich».

Auch in Bezug auf die Instanz, vor der man seine Verantwortung begründen soll, kann es falsche Adressaten geben. So kann z. B. ein Angeklagter vor Gericht einen Geschworenen oder sogar den Richter selbst als befangen ablehnen. Oder jemand kann sich weigern, einen Eid auf die Bibel abzulegen, weil er an keinen Gott glaubt.

Was das «für» betrifft, so ist es durchaus denkbar, dass jemand für eine falsche Handlung verantwortlich gemacht wird. Wenn ich z. B. beobachte, wie jemand eine Brieftasche aufhebt und sie einsteckt, nachdem er sich ausgiebig in alle Richtungen umgeblickt hat, ziehe ich daraus den Schluss, dass es sich bei dieser Handlung um einen Akt unerlaubter Aneignung fremden Eigentums handelt, bis ich am Abend von der Nachbarin höre, dass ein Fremder ihre verlorene Brieftasche unangetastet bei ihr abgeliefert hat, nachdem er ihre Anschrift im Innenfach der Brieftasche entdeckt hat.

In den eben geschilderten Fällen kommt kein eigentlicher Verantwortungsdiskurs zustande, weil mindestens jeweils eins der drei Strukturmomente des «sich», des «vor» und des «für» fehlbesetzt war. Erst wenn alle drei zusammenstimmen, können Rede und Gegenrede beginnen. Die zur Verantwortung gezogene Person muss Rechenschaft über eine von ihr ausgeführte oder angeordnete Handlung ablegen. Dies geschieht in der Regel so, dass sie die Gründe offenlegt, die zu der Handlung geführt haben und von denen sie annimmt, dass sie die Handlung rechtfertigen, d. h. als ein sinnvolles Tun bestätigen. Hatte die Handlung schädliche Folgen, so muss sie den Nachweis erbringen, dass sie diese Folgen nicht nur nicht beabsichtigt hat, sondern auch nicht hätte vorhersehen und verhindern können. Wir – als die Instanz, vor welcher Verantwortung abgelegt wird

– sind im Normalfall bereit, jemanden vom Vorwurf der Verantwortungslosigkeit zu befreien, wenn er glaubhaft machen kann, dass es nicht in seiner Absicht noch in seiner Macht gelegen hat, den Schaden abzuwenden.

Niemand ist verantwortlich für etwas, das unvorhersehbar eintritt und nicht in der Gewalt des Handelnden liegt, eine Naturkatastrophe etwa wie ein nach sintflutartigen Regenfällen urplötzlich zu gewaltigen Wassermassen anschwellender Bach, der eine solide gebaute Strasse unterspült und Autos mit sich reisst. Wir sagen in einem solchen Fall gewöhnlich: Das ist Schicksal. Denn den Regen, den Bach, die Natur als solche können wir nicht zur Verantwortung ziehen, da diese keine autonomen Subjekte sind, die nach Absichten und Zwecken handeln. Manchmal hadern wir wie Hiob mit Gott, dass er verheerende Naturkatastrophen zulässt, aber Gott können wir aus einem anderen Grund nicht zur Verantwortung ziehen. Obwohl wir uns Gott in einer christlichen Kultur als ein persönliches Wesen vorstellen, das auf vollkommene Weise autonom ist, sind wir keine Instanz, vor der Gott sich zu rechtfertigen hätte. Es steht uns nicht zu, ihn zur Verantwortung zu ziehen und uns damit zum Richter über das höchste Wesen aufzuschwingen, um Auskunft über die Gründe seines Handelns zu verlangen.

Wenn natürliche und übernatürliche Gründe als Entlastungsmittel ausscheiden, ist der durch eine Handlung bewirkte Schaden in jedem Fall auf menschliches Versagen zurückzuführen. Aber damit steht noch keineswegs fest, dass der Handelnde schuldig oder der Alleinschuldige ist. Wenn er auf Anordnung eines Vorgesetzten gehandelt hat, dann ist er ebenfalls von der Verantwortung für schädliche Folgen seines Tuns entlastet, vorausgesetzt er hat nicht mutwillig fahrlässig gehandelt, sondern war ausserstande, die eingetretenen Folgen vorherzusehen; oder angenommen er hätte sie vorhergesehen, wäre aber überfordert gewesen, sie zu verhindern, weil er mit einer Befehlsverweigerung seine Existenz und sein Leben aufs Spiel gesetzt hätte.

Wenn sich herausstellt, dass jemand für seine Handlung nicht verantwortlich ist aus dem Grund, weil sie nicht in seinem Kompetenzbereich lag und er nur ausführendes Organ einer ihm übergeordneten Instanz war, so gehen wir weiter nach oben in der Hierarchie, bis wir auf den eigentlich Verantwortlichen stossen, der für das gesamte Unternehmen geradezustehen hat, auch wenn er nicht derjenige war, der die Handlung persönlich ausgeführt hat. So ist etwa in der Politik der Departementsvorsteher verantwortlich für Fehlleistungen seiner Mitarbeiter. Das Gleiche gilt in Industrie und Wirtschaft. Der Konzernchef trägt die Verantwortung für das gesamte Unternehmen und haftet für Schäden, die sein Personal verursacht hat. Gelingt es ihm im Verantwortungsdiskurs nicht, den Vorwurf der Führungsschwäche zu entkräften, muss er seinen Hut nehmen und sich gegebenenfalls sogar vor Gericht verantworten.

Auch wenn im Verlauf des Verantwortungsdiskurses jemand einräumt, versagt zu haben, und sich schuldig bekennt, kann er noch Gründe anführen, die ihn bis zu einem gewissen Grad entlasten, indem er auf die Verkettung unglücklicher Umstände, die so genannte Tücke des Objekts, hinweist, die seine Absichten durchkreuzt hat. Oder er kann geltend machen, dass er einem Mitarbeiter vertraut, sich bezüglich dessen Fähigkeiten aber geirrt habe. Wir sind alle nicht unfehlbar, neigen dazu, Dinge, Situationen und Menschen falsch einzuschätzen, so dass wir uns mit Handlungsfolgen konfrontiert sehen, die wir als solche weder vorher gewusst noch gewollt haben, aber mit etwas mehr Sorgfalt und Menschenkenntnis hätten vorhersehen können.

Der Verantwortungsdiskurs geht also so vonstatten, dass die rechtfertigungspflichtige Person die Gründe für ihr Handeln sowie die daraus hervorgegangenen schädlichen Folgen darlegt und dabei zugleich alles das mit zur Sprache bringt, was aus ihrer Sicht zu ihrer Entlastung beitragen könnte. Derjenige oder diejenigen, die die Instanz bilden, vor welcher die Person sich rechtfertigt, tragen ebenfalls Verantwortung, nämlich die, zu einem Urteil zu gelangen, das alle vorgebrachten Argumente vorurteilsfrei und fair gewichtet und sowohl dem Schadensverursacher als auch dem Geschädigten gerecht wird. Das auf diese Weise gefundene Urteil über das Ausmass der Verantwortungslosigkeit einer Person muss demnach seinerseits wieder mit guten Gründen verantwortet werden und für die Überprüfung durch eine höhere Instanz prinzipiell offen sein.

Vor ein besonderes Problem des Verantwortungsdiskurses stellen uns Täter, die absichtlich, in vollem Bewusstsein der Folgen ihres Tuns, Schaden an Leib und Leben anrichten und dies auch keineswegs abstreiten. So steht in terroristischen Bekennerbriefen häufig der Satz, die Gruppe oder Vereinigung XY übernehme die Verantwortung für einen Anschlag, dem eine Anzahl unbeteiligter Menschen zum Opfer gefallen ist. Verantwortung bedeutet hier, dass die Täter ihre Tat einräumen und als gerechtfertigt erachten, aber nicht bereit sind, sich dafür zur Rechenschaft ziehen zu lassen, weil sie die Gesellschaft oder eine fremde Autorität nicht als Instanz «vor»-anerkennen. Ihre Instanz ist eine wie auch immer charakterisierte Ideologie der Gerechtigkeit, von der sie das Recht zum Terror gegen bestehende, in ihren Augen ungerechte Verhältnisse ableiten. In solchen Fällen kommt kein echter Verantwortungsdiskurs zustande, da die Auffassungen von Verantwortung und Verantwortungslosigkeit einen schroffen Gegensatz bilden, der die Spielregeln des Diskurses ausser Kraft setzt. Wenn Fanatiker reden, wollen sie zumeist nur selbst reden, aber nicht zuhören, und mögliche Gegenargumente lassen sie von vornherein nicht gelten, erst recht nicht jene Selbstmordattentäter, die vor der Tat ihre Botschaft auf einem Video verkünden, um danach sich selbst und diejenigen, die sie mit in den Tod reissen, endgültig zum Verstummen zu bringen.

Die Regeln des Verantwortungsdiskurses funktionieren, meist unausgesprochen, auch im Alltag. Ob Mütter den Streit von Kindern schlichten, Autofahrer sich rücksichtsvoll im Strassenverkehr bewegen, ob im Beruf die Kundinnen und Verhandlungspartner entsprechend dem jeweiligen Standesethos behandelt werden – wo immer wir im öffentlichen und privaten Bereich etwas tun oder lassen, geschieht dies nach Regeln, an welchen sich freie, ihrer selbst bewusste Wesen in Anerkennung ihrer Verantwortung für sich selbst und andere Personen orientieren, um das Ausmass möglicher Gefahren und Schäden möglichst gering zu halten und damit zum Wohlergehen aller beizutragen.

Solidarität als Bindeglied zwischen Ich und Wir

Wie viel *Mitmensch* braucht der Mensch? Was hat Menschlichkeit mit den Mitmenschen zu tun? Diese Fragen berühren die Grundfrage nach dem Wesen des Menschen: Was unterscheidet uns einerseits von den Tierpopulationen und deren Art des Zusammenlebens, andererseits vom monotheistischen Gott, der sich selbst genug ist und keiner anderen Götter bedarf?

Der Mensch scheint sich zwischen Tier und Gott eingerichtet und dabei sowohl gegen die eine wie die andere Seinsweise abgegrenzt zu haben. Das Stichwort «Solidarität» ist hilfreich, um diese Abgrenzungsbemühungen näher zu beschreiben, denn Solidarität treffen wir nur beim Menschen an. Tiere verhalten sich nicht solidarisch. Das Rudel ist streng hierarchisch gegliedert. An der Spitze steht das Alpha-Tier – der

Platzhirsch zum Beispiel oder der Leitwolf. Das Alpha-Tier ist das stärkste, dem alle anderen sich unterwerfen.

Nun ist es keineswegs so, dass wir Menschen diese Form des animalischen Miteinanders überwunden hätten. Auch wir kennen rudel- oder herdenähnliche Gruppenbildungen. Hierarchien sind uns nicht fremd; sie sind allenthalben im Berufsleben, aber auch im Vereins- und Verbandswesen sowie in Familienclans anzutreffen. Konzernchefs, Generäle, Präsidenten, Päpste, Patriarchen heissen unsere Alpha-Tiere, die erwarten, dass ihre Anordnungen von ihren Untergebenen umstandslos befolgt werden. Der Unterschied zu tierischen Populationen besteht darin, dass die menschlichen Alphas heute ausser im Sport nicht durch körperliche Kraft und siegreich bestandene Kämpfe gegen ihre Rivalen an die Spitze gelangen, sondern durch besondere Qualitäts- und Leistungsausweise ihre Eignung für Spitzenämter bezeugen. Die Kandidaten werden formell gewählt – zum mindesten in Demokratien ist dies so –, während im Tierreich die Natur darüber entscheidet, an welcher Stelle im hierarchischen Gefüge jedes Exemplar seinen Platz hat.

Ohne die Parallelen und Unterschiede weiter zu vertiefen, möchte ich im Hinblick auf die Frage der Solidarität festhalten, dass wir zwar gelegentlich auch bei Tieren ein Verhalten beobachten, das uns altruistisch dünkt, etwa wenn die Herde ein verletztes Mitglied gegen die Angriffe von Feinden schützt. Da wir jedoch unterstellen, dass der Instinkt sie dabei leitet und nicht planvolle, zweckrationale Überlegungen, verbunden mit Empathiegefühlen, kann streng genommen nur von einer Scheinsolidarität die Rede sein. Solidarität als eine frei gewählte, selbstverantwortliche Einstellung des Ich gegenüber dem Wir ist hingegen eine typisch menschliche Verhaltensweise, die sogar in hierarchische Strukturen Eingang findet, zum Beispiel in

Form von Loyalität gegenüber dem Chef und der Firma oder im Respekt für Autoritätspersonen.

Wie sieht es mit der Abgrenzung des Menschlichen gegen Gott aus? Während wir uns den Tieren *in puncto* Verstand, Sprache und Vernunft überlegen fühlen, betrachten wir den Gott als das Alpha-Wesen schlechthin, das *uns* aufgrund seiner Allmacht in jeder Hinsicht überlegen ist. Die Frage ist, ob es uns auch ein Vorbild für Solidarität sein kann, wenn der Gott in Ermangelung anderer Götter oder sonstiger Bezugspersonen nicht genötigt ist, sich zu einem Wir ins Verhältnis zu setzen. Der Gott, den Aristoteles zum Beispiel beschreibt, ist völlig unsolidarisch. In ewige Selbstbetrachtung versunken umkreist er sich selbst, seine Vollkommenheit unendlich geniessend (Metaphysik, XII). Dieser Gott ist apersonal, er geht auf in einem in sich geschlossenen Selbstbezug und genügt sich selbst. Das heisst: Er verhält sich nicht zu den Menschen, die jedoch ihrerseits den Gott als Vorbild betrachten und danach streben, durch Selbstgenügsamkeit so vollkommen zu werden wie er.

Vielleicht ist es dieses Gottesbild, das bereits im Kern jene Form von Narzissmus in sich birgt, die uns heute in der Bindungsunwilligkeit und Bindungsunfähigkeit entsolidarisierter Menschen wieder begegnet. Wenn Vollkommenheit als radikale *Selbst*vervollkommnung aufgefasst wird, erscheint dem Ich alles, was es von seiner Selbstbezogenheit ablenkt, als ein Störfaktor, den es so weit wie möglich zu ignorieren gilt. Man fühlt sich belästigt durch die Mitmenschen, erträgt ihre Gegenwart nur aus der Distanz, da Nähe Reibungsflächen erzeugt, auf die sich einzulassen Vergeudung von Zeit bedeutete – von Zeit, die man lieber für die eigene Körper- und Seelenhygiene verwenden möchte.

Wie tauglich als Vorbild ist im Unterschied zum aristotelischen Gott die Vorstellung eines *persönlichen* Gottes für die zwischenmenschliche Solidarität? Zunächst scheint die Differenz nicht sehr gross zu sein. Nehmen wir den Gott des Alten Testaments, dessen Aktivitäten zu Beginn der Genesis geschildert werden. Er tritt uns als Schöpfergott gegenüber, der nach und nach das Universum und schliesslich die ersten Menschen schafft, und zwar aus nichts anderem als sich selbst. Fragt man, warum er das tut, so besteht die naheliegende Antwort darin, dass er es aus Liebe getan hat. Aber aus Liebe wozu? Es gab ja nichts ausser ihm selbst, das er lieben konnte. Aus Liebe zu sich schuf Gott die Welt, er wollte sich gleichsam selbst reduplizieren, indem er ein Ebenbild seiner selbst erzeugte, das selbstständig neben ihm existieren sollte. Auch dies könnte man als eine Form von Narzissmus deuten – nicht wie beim aristotelischen Modell als einen introvertierten, sondern als einen extrovertierten Narzissmus.

Was den Schöpfer mit seinem Geschöpf verbindet, ist demnach zwar Liebe, aber in Gestalt von Selbstliebe und nicht von Solidarität. Ich lasse jetzt die schwierige Problematik des Bösen weg, die im Zusammenhang mit der Frage nach dem Grund für den Abfall des Geschöpfs von seinem Schöpfer zu erörtern wäre. Nur so viel: Der Mythos vom Sündenfall ist ein Indiz dafür, dass die Liebesbeziehung zwischen Gott und Mensch deshalb scheiterte, weil sie nur noch einseitig bestand, Gott sich also von seinen ungehorsamen Geschöpfen zurückgestossen fühlte und mit der Vertreibung von Adam und Eva aus dem Paradies die Bindung an sein Lebenswerk löste. Er stiess die Menschheit gleichsam von sich weg, da sie sich als etwas ihm Fremdes verselbstständigt hatte und sich von nun an nicht mehr als sein Ebenbild präsentierte. Doch Gott überliess die Menschheit nicht ihrem Schicksal. Und hier kommt jetzt die Solidarität ins Spiel in Gestalt der Jesus-Figur.

Gottes Sohn hat menschliche Gefühle. Er leidet mit den Menschen und bietet ihnen die Hand zur Versöhnung. Jesus – halb Gott, halb Mensch – hat die Rolle des Vermittlers zwischen den Fronten; er soll die von Gott abgespaltene Schöpfung wieder zurückholen in ihren Ursprung und damit die Menschheit erlösen. Jesus ist Fleisch gewordene Solidarität. Er lebt exemplarisch vor, wie Menschen in Frieden miteinander auskommen können, sobald sie sich allesamt als Kinder Gottes betrachten und damit als Mitglieder einer globalen Familie, in welcher jeder mit jedem verwandt ist. Jesus wurde getötet, aber sein Ideal ist nicht mit ihm gestorben: das Ideal eines weltumspannenden Netzwerks solidarisch miteinander verkehrender Menschen.

Wir Menschen sind Individuen, die in Gemeinschaft mit anderen Individuen gewaltfrei koexistieren möchten: als ein Wir, das jedem Ich genügend Platz für seine Selbstentfaltung lässt. So könnte man das, was wir heute insbesondere in den westlichen Ländern unter Gesellschaft verstehen, kurz umschreiben. Dabei handelt es sich um eine bürgerliche Gesellschaft, in welcher der Individualität als solcher und dem Recht des Einzelnen, selbstbestimmt zu leben, ein sehr hoher Stellenwert zukommt. Dies war nicht immer so. Wenn wir etwa zweieinhalb Jahrtausende zurückblicken zu den politischen Wurzeln des Abendlandes in der griechischen Antike, so fallen zwei wesentliche Unterschiede ins Auge.

Der griechische Stadtstaat – die Polis – war ein Sozialverband, in welchem den politischen Zielen der Vorrang gegenüber individuellen Wünschen, Interessen und Bedürfnissen zugesprochen wurde. Das Ich sollte hinter dem Wir zurücktreten und dem Allgemeinwohl den Vortritt lassen. Entsprechend hatte das Ich vor allem als Bürger der Polis Gewicht, nicht jedoch als Privatperson. Der zweite wesentliche Unterschied zur Antike besteht darin, dass es in der Polis Menschen gab, denen die Rechte des autarken Bürgers vorenthalten wurden, weil sie als Abhängige entweder unselbstständig oder unfrei waren: die Frauen und die Sklaven. Der ihnen zugewiesene Aufenthaltsraum war das Haus, in dem sie gemäss den Anordnungen und Befehlen des Hausherrn zu schalten und zu walten hatten.

Beides – sowohl der Vorrang des Wir vor dem Ich als auch das Sklaventum – ist mit unserem Verständnis von Individualität nicht mehr vereinbar. Trotzdem können wir nicht behaupten, in der besten aller vorstellbaren Welten zu leben. Gerade die Hochschätzung des Prinzips der Individualität und des Rechts auf freie Selbstverwirklichung hat nicht unerheblich dazu beigetragen, dass die Menschen einander diskriminieren und die Natur ausbeuten – zum Nachteil der künftigen Generationen. Auch wir betreiben eine Art Sklaverei, nur in grösserem Massstab, indem wir die Menschen in den Drittweltländern von den Privilegien ausschliessen, die wir für uns reklamieren. Und selbst innerhalb unseres eigenen Gesellschaftssystems gibt es erhebliche Klassenunterschiede, die daran zweifeln lassen, dass soziale Gerechtigkeit mehr ist als ein blosses Alibiwort. Ganz davon abgesehen, dass die Masse der Lohnabhängigen aufgrund der hierarchischen Strukturen in der Arbeitswelt mehr oder weniger Befehlsempfänger sind, die jederzeit Rationalisierungsmassnahmen zum Opfer fallen können.

Hinsichtlich der Ungleichheit der Menschen sind wir anscheinend trotz unseres modernen, aufgeklärten Demokratieverständnisses gar nicht so weit entfernt vom aristotelischen Polismodell, wobei zudem noch der Rückhalt bröckelt, den der Sozialverband eines starken Wir den schwachen Ichs in Notzeiten bieten konnte. Zwar haben wir soziale Netze, die den Fall der Abgestürzten bis zu einem gewissen Grad abfedern, und Vater Staat bietet in schweren Zeiten auch heute eine helfende Hand. Aber die wirklich Bedürftigen, die Kinder vor allem und alleinerziehende Mütter, rutschen immer öfter durch die Maschen, weil bei Wirtschafts- und Konjunkturflauten die Solidarität schwindet. Doch unser ganzes moralisches Verhalten wurzelt in der Anerkennung der wechselseitigen Abhängigkeit von Lebewesen, die aufeinander angewiesen sind, wenn sie auf Gewalt als Mittel zur Durchsetzung ihrer Interessen verzichten. Humanität im Sinne von Mitmenschlichkeit verdankt sich der Einsicht, dass jedes Individuum gleich viel wert ist und daher um seiner selbst willen als unverletzliche Person zu respektieren ist. Die uralten Regeln, niemandem wissentlich und willentlich zu schaden bzw. anderen nichts zuzufügen, das man auch selbst nicht zugefügt bekommen will, bilden seit jeher den Kern eines humanen Selbstverständnisses, das auf dem ethischen Prinzip selbstverantwortlicher Freiheit beruht.

Vielleicht sind wir heute mit dem Gebot der Nächstenliebe und erst recht der Feindesliebe überfordert. Insofern der Nächste – wie das Beispiel vom barmherzigen Samariter zeigt – auch der völlig Fremde sein kann, fällt es schwer, ihm liebevoll zu begegnen, erst recht wenn zu befürchten ist, dass er eine feindliche Gesinnung hegt. Aber es gibt durchaus Formen des gegenseitigen Respekts, die nicht so anspruchsvoll sind wie Liebe oder Freundschaft und dennoch Achtung ausdrücken: Höflichkeit, Taktgefühl, Mitleid, Fairness, Trostbekundungen, Solidarität. Es sind nicht immer die grossen Taten, die menschliche Zuwendung bekunden; im alltäglichen Umgang zählen vielmehr die kleinen Gesten, die Aufmerksamkeit und Anteilnahme signalisieren, ohne besonderes Aufheben davon zu machen.

Sich solidarisch zu verhalten, das Ich hinter dem Wir zurückzustellen, scheint für manche Wissenschaftler jedoch im Widerspruch zur Evolution zu stehen. Jedenfalls ist dies die These der Soziobiologen, die nach den evolutionären Wurzeln unseres Sozialverhaltens fragen. Sie gehen davon aus, dass der Mensch als Egoist geboren wird und zu altruistischem Verhalten mühsam erzogen werden muss. Letzten Endes ist die Moral aus soziobiologischer Sicht aber keine kulturelle Errungenschaft menschlicher Bemühungen um Solidarität, sondern lediglich eine Strategie der Gene, die den menschlichen Organismus als ihre «Überlebensmaschine» benutzen und diese in dem Ausmass moralisch programmieren, als es für ihren Fortbestand vorteilhaft ist.

«Dadurch, dass die Gene diktieren, auf welche Weise die Überlebensmaschinen und ihre Nervensysteme gebaut werden, üben sie die entscheidende Macht über das Verhalten aus», so Richard Dawkins in seinem Buch *Das egoistische Gen* (1978, 72). Von Altruismus und Humanität kann daher aus soziobiologischer Perspektive allenfalls noch in dem Sinn die Rede sein, dass damit auf ein kontra-egoistisches Handeln Bezug genommen wird, dessen ‹Programm› jedoch ebenso wie der Egoismus aus dem Genpool stammt, in welchem die ‹Pläne› liegen, nach denen ‹entschieden› wird, wie die menschliche Spezies jeweils optimal an ihre Umwelt angepasst und fit fürs Überleben gemacht wird.

Wenn der Egoismus nachteilige Folgen für die Menschheit hat, trainiert die Evolution den Menschen um, indem sie ihm vorgaukelt, es gäbe höherrangige – moralische – Gründe für soziale Formen von Praxis. Aus der Sicht der Soziobiologie und der modernen Hirnforschung ist daher die Annahme, altruistisches Verhalten werde zweckfrei, um seiner selbst willen, eingeübt, eine Illusion. Der Altruismus stelle nur eine spezielle Form des Egoismus der Gene dar, insofern die Individuen dazu abgerichtet würden, ihre Wünsche nun solidarisch, auf dem Umweg über die Berücksichtigung fremder Interessen, zu befriedigen.

Wäre der Mensch, wie in der Soziobiologie unterstellt, tatsächlich genetisch vollständig determiniert, könnten ihm seine Handlungen nicht mehr zugeschrieben werden, da ja nicht er selbst handelt, sondern andere Instanzen in ihm agieren, seine Gene und Neuronen, die er nicht zu kontrollieren vermag.

Ganz davon abgesehen, dass der Evolution, wenn man sie un-
hinterfragt als zielorientierten Akteur auffasst, ein typisch
menschliches Verstehensmuster untergeschoben wird, steht
dieses auch im Widerspruch zu der Tatsache, dass menschliche
Individuen sich seit jeher Freiheit zugeschrieben haben, freilich
keine absolute Freiheit, wohl aber Willensfreiheit im Bereich
der Moral und des Rechts, deren Normen das einfordern, was
gesollt ist. Menschliche Freiheit ist an ihrem Sollenscharakter
kenntlich, denn sie bezieht sich nicht auf faktisch Vorhandenes,
sondern schreibt etwas vor, das allererst und immer wieder neu
verwirklicht werden muss. Gerechtigkeit, Gleichheit, Frieden,
Selbstbestimmung, Aufrichtigkeit, Treue, Toleranz, Solidarität
sind selbstbindende und daher ver-bindliche Freiheitskonzepte
eines Wesens, das sich als in ein Wir eingebundenes Ich versteht und bereit ist, Verantwortung zu übernehmen.

Wenn jeder Mensch das Recht auf gleiche Freiheit hat,
sind Einschränkungen dieser Freiheit nur um der grösseren
Freiheit aller willen gerechtfertigt. Sie bedürfen daher der aus-
drücklichen Zustimmung der Allgemeinheit. Individuelle Freiheit und kollektive Freiheit bedingen einander wechselseitig. Einer allein kann nicht frei sein. In diesem Sinn ist politische
Freiheit die Grundlage der Demokratie, die das Recht auf Freiheit schützt, indem sie die Freiheit durch Regeln einschränkt.
Selbstbegrenzungen der Freiheit aus Freiheit und zum Schutz
der Freiheit aller finden wir in den Normen der Moral und des
Rechts, die in Form ungeschriebener und geschriebener Gesetze
menschliches Handeln an Regeln binden und damit die Ge-
samtheit möglicher Freiheiten im Hinblick auf den legitimen
Freiheitsanspruch jedes Individuums begrenzen. Nur im Horizont dieser Selbstbegrenzung des freien Könnens durch selbst
gesetzte Regeln kann sich die dem Menschen angemessene
Freiheit entfalten.

Solidarisches Handeln ist uneigennützig. Es ist daran kenntlich, dass es um seiner selbst willen erfolgt und damit seinen Zweck in sich selbst hat. Aus ethischer Perspektive betrachtet ist Uneigennützigkeit eine Form von Altruismus. Im Wort *Altruismus* steckt das lateinische Wort *alter:* der oder das Andere. Wer sich altruistisch verhält, tut dies nicht um seiner selbst willen, sondern um eines anderen willen: zum Beispiel um eines anderen Menschen, um der Natur oder um der nach uns kommenden Generationen willen. Der altruistisch Handelnde sieht von seinem Eigenwillen nicht ab, sondern ordnet diesen – aus freien Stücken – dem Vorteil für etwas anderes nach, ohne einen Gegenwert dafür zu verlangen. Vereinfacht ausgedrückt: Während der Egoist dem *Ich* den Vorrang vor dem Wir zuerkennt, schreibt der Altruist dem *Wir* den Vorrang vor dem Ich zu.

Nun kann man den Soziobiologen darin recht geben, dass wir als Egoisten geboren werden. Dass wir anfangs alles um uns herum auf uns selbst beziehen und unserem Willen zu unterwerfen suchen, gehört zur Überlebensstrategie. Das Ich muss sich bemerkbar machen, um vom Wir nicht übersehen oder ausgenutzt zu werden. So schreit der Säugling, um seinen Hunger kundzutun. Beruflicher Erfolg hängt davon ab, ob es gelingt, im Wettbewerb mit den anderen mitzuhalten. Das Ich handelt demnach von Natur aus eigennützig, einerseits um zu überleben, andererseits um möglichst gut zu leben. Warum also sollte es seine Position der Stärke freiwillig schwächen und sich damit schaden? Vertreter des Utilitarismus antworten hierauf: Vermittels eines rationalen Kalküls kann man einsichtig machen, dass das Ich langfristig mehr profitiert, wenn es das Wir an den eigenen Erfolgen beteiligt und auf seine Kosten kommen lässt.

Die Berücksichtigung der anderen aus *rationalem* Kalkül ist jedoch ebenfalls eine Form des Egoismus und kein echter

Altruismus, denn man kümmert sich um die Belange der anderen nicht um derentwillen, sondern um seiner selbst willen. Ein echter Altruist hingegen legt seinen Überlegungen ein *ethisches* Kalkül zugrunde: Er hat ein Interesse daran, Menschen, die sich in einer Not- oder Zwangssituation befinden und sich nicht selbst helfen können, entweder in ihren Bemühungen zu unterstützen, selbstständig und aus eigener Kraft zu leben – Beispiel: Hilfe für Entwicklungsländer –, oder im Fall fehlender Fähigkeiten dafür zu sorgen, dass sie den nötigen Beistand bekommen – Beispiel: Pflege unmündiger und gebrechlicher Menschen. Das ethische Kalkül zielt auf die Besserstellung derer, die es weniger gut getroffen haben als man selbst. Damit soll nicht bloss das Gewissen beruhigt, sondern auch der Einsicht Rechnung getragen werden, dass niemand als Mensch wertvoller ist als andere Menschen. In das ethische Kalkül muss sich einüben, wer von Natur aus dazu tendiert, sich selbst als Mittelpunkt von allem zu betrachten. Altruistisches Verhalten fordert dazu heraus, die Wertschätzung für das eigene Ich auf ein fremdes Ich zu übertragen, von dem seinerseits erwartet wird, dass es dem eigenen Ich die gleiche Wertschätzung entgegenbringt.

Die autonome Freiheit kollektiv vernetzter Individuen räumt jedem von ihnen das Recht auf gleiche Freiheit ein. Voraussetzung dafür ist die Anerkennung der Mitmenschen als gleich*wertige* Personen. Die Menschenrechte fordern daher, dass jedes menschliche Individuum um seiner selbst willen als autonome Person respektiert wird – aus dem einfachen Grund, weil es geborenes Mitglied der Gattung Mensch ist und damit Träger von Rechten, unabhängig davon, ob es diese Rechte selbst auszuüben vermag oder ob jemand anders dies nach bestem Wissen und Gewissen stellvertretend für es tut.

Aufklärung

Vorurteile

Vorurteile sind vorgefasste Meinungen, für die ein Wahrheitsanspruch erhoben, aber nicht als berechtigt ausgewiesen wird. Da Vorurteile häufig mit einer Wertung verbunden sind und in abschätziger Manier geäussert werden, beinhalten sie eine Diskriminierung. Kenntlich sind solche Vorurteile an ihrer pauschalen Verallgemeinerung, die Klischees zum Ausdruck bringen: die Schwarzafrikaner (sind allesamt Drogendealer), die Frauen (können weder logisch denken noch einparken), die Langzeitarbeitslosen (lauter Faule und Asoziale).

Auch Sprichwörter und Volksweisheiten enthalten Vorurteile, die sich aber im Unterschied zu den eben angeführten Beispielen auf die Erfahrung mehrerer Generationen stützen können. *Lügen haben kurze Beine. Liebe macht blind. Die Dummen ernten die besten Kartoffeln. Wer andern eine Grube gräbt, fällt selbst hinein.* Während rassistische und sexistische Vorurteile darauf beruhen, dass Einzelfälle pauschalisiert werden, haben die in Sprichwörtern versteckten Vorurteile einen Wahrheitskern, der allerdings ebenfalls nur behauptet und nicht begründet, sondern mit dem Verweis auf die allgemeine Erfahrung abgetan wird. «Das hat man halt immer schon so gesehen», wird achselzuckend behauptet. Das Wörtchen «man» ist dabei aufschlussreich, weil es unterstellt, dass jedermann bzw. jedefrau aufgrund eigener Erfahrungen dem Behaupteten zustimmt. Doch auch wenn die meisten Ähnliches erlebt haben, rechtfertigt dies keineswegs die Behauptung, dass ausnahmslos alle dieser Meinung sind. Es lassen sich oft unzählige Gegenbeispiele anführen, die das Vorurteil gerade nicht bestätigen.

Neben den abschätzigen Vorurteilen gibt es auch Vorurteile, die eine Sache idealisieren und in den Himmel heben. Ideologien zum Beispiel behaupten etwas als absolut gültig und unhinterfragbar, was von vornherein jeglichen Zweifel verbietet. So werden kirchliche Dogmen und religiöse Riten für sakrosankt ausgegeben, Sitten und Gebräuche als Tabus deklariert, an denen zu rühren untersagt ist. Durch Androhung von Höllenstrafen wird das Kritikverbot untermauert.

Eine letzte Gruppe von Vorurteilen, die jedoch ausdrücklich als solche deklariert werden, sind die wissenschaftlichen Vorurteile, die unter dem Namen Hypothese firmieren. Hypothesen sind vorläufige Urteile, Urteile also, die man probeweise fällt, unter dem Vorbehalt, dass sie möglicherweise falsch sind und im Licht neuer Erkenntnisse revidiert werden müssen. Wissenschaftliche Vorurteile in Gestalt von Hypothesen unterscheiden sich von unwissenschaftlichen Vorurteilen dadurch, dass sie eine Begründung liefern und so lange als stichhaltig gelten, als sie nicht falsifiziert, das heisst mit den Mitteln der Logik oder auf experimentelle Weise widerlegt werden.

In der Philosophie wurde seit Anbeginn nach der Wahrheit gefragt, und mit der Wahrheitsfrage war stets eine Kritik der Vorurteile verbunden. In der Antike etwa, als sich die Philosophie aus dem Mythos herausbildete, wurden die mythischen Erzählungen als ein Aberglaube durchschaut. Man begriff, dass Naturgesetze die Ursachen für Blitz und Donner oder die Überschwemmungen des Nils waren, nicht aber zürnende und strafende oder wohlwollende Götter, die auf diese Weise ihre Macht demonstrierten. Auch die Götterwelt Homers wurde als eine menschliche Projektion durchschaut, der keine Realität zukam.

In der Folge wurde die zentrale Aufgabe der Philosophen in der Kritik gesehen. Sie sollten die Menschen urteilsfähig machen und sie dazu anhalten, sich von ihren Vorurteilen zu befreien. Als Philosophen sollten sie vormachen, wie man zu richtigen Urteilen gelangt, nämlich indem man die Funktion des Richters ausübt. Das deutsche Wort «Urteil» stammt – wie schon das lateinische Wort *iudicium* – aus der Rechtsprechung. Der Richter, der am Ende eines Prozesses das Urteil fällt, muss seinen Richterspruch begründen. Dazu ist erforderlich, dass er die Einzelheiten des zu beurteilenden Sachverhalts (die Tat eines Täters) genauso gut kennt wie die Rechtsgesetze, die er als Messlatte an den Sachverhalt anlegt, um am Ende Recht zu sprechen, indem er das Urteil verkündet.

Das Urteil muss also sowohl sachangemessen wie normgerecht sein. Es darf nicht auf unzulässigen Vorannahmen und Vorurteilen beruhen, sondern muss sich auf Fakten und überzeugende Gründe stützen. Man könnte das Wort «Urteil» hier so verstehen, dass es eine Ur-Teilung vornimmt, indem es Subjekt und Prädikat voneinander trennt und sofort wieder aufeinander bezieht. Wenn ich zum Beispiel behaupte: Draussen scheint die Sonne, trenne ich die Sonne von ihrem Scheinen, füge das Getrennte aber sogleich wieder zusammen, und jeder, der Augen hat, kann sich davon überzeugen, dass die Zusprechung des Prädikats stimmt, weil die Sonne tatsächlich scheint, was nicht zutreffen würde, wenn es draussen regnete und entsprechend die behauptete Verbindung von Subjekt und Prädikat falsch wäre.

In der Philosophiegeschichte wurden die Vorurteile im Zuge der Aufklärung zu einem wichtigen Thema. Aufklärung kann aus philosophischer Perspektive zweierlei bedeuten. Zum einen ist mit Aufklärung die Absicht kritischen Denkens gemeint, strittige Behauptungen und verschwommene Sachverhalte durch rationale Analyse überprüfbar zu machen. Zum anderen ist «Aufklärung» ein Epochenbegriff, der für die Neuzeit massgeblich war, in der Philosophie im 17. Jahrhundert mit Descartes beginnt und im 18. Jahrhundert in Kant seinen Höhepunkt gefunden hat.

Die abendländische Kultur ist seit Anbeginn geprägt durch das Ideal der Transparenz. Sonnensymbolik und Lichtmetaphorik stehen bereits im Zentrum der griechischen Metaphysik und finden in der deutschen Sprache ihren Niederschlag in Ausdrücken wie *etwas erhellen, klären, durchsichtig* oder *evident machen*, indem man es durchleuchtet und damit durch-schaubar, in seinen Einzelheiten sichtbar macht. Man möchte etwas einsehen und damit Einblick in die Natur einer Sache gewinnen.

Der Gesichtssinn diente als Folie, auf welcher auch der Vorgang des Denkens, die Tätigkeit des Verstandes, als eine Art Sehen beschrieben wurde. Wenn wir noch einmal zurückgehen an die Anfänge unserer abendländischen Kultur, dann markiert der Übergang vom Mythos zum Logos, von der bildhaften Erzählung zum begrifflichen Denken, eine Zäsur, an welcher ein Übergang vom Aberglauben oder blossen Meinen zu einer rationalen Welterklärung erfolgte. Bildlich gesprochen könnte man sagen: Die menschliche Vernunft gewann die Vorherrschaft über den Aberglauben, indem sie sich selbst gleichsam ein Licht aufsteckte, ihre eigenen Erkenntnisleistungen erhellte und damit ihre rationale Weltsicht ins Licht rückte. Aufklärung lässt die Dinge klar sehen, und das Licht ist es, das Klarheit ermöglicht. Dies zeigen sehr schön auch das englische und das französische Wort für Aufklärung: *enlightenment* und *les lumières.*

Die Lichtmetaphorik zieht sich durch das gesamte abendländische Denken hindurch. Man muss den Gegenstand der Erkenntnis nur ins richtige Licht setzen, ihn gewissermassen durchleuchten, dann sieht man ihn klar und deutlich. René Descartes war es, der Klarheit und Deutlichkeit als Kriterien für wahre Erkenntnis ausdrücklich hervorhob (Meditationen, 23/25). Doch schon im antiken Griechenland wurde das Denken in Analogie zum Sehvorgang als ein begriffliches Anschauen im Licht vernünftiger Ideen charakterisiert (vgl. Platons «Sonnengleichnis» in seinem Dialog *Der Staat*).

Wie das Sonnenlicht die Dinge für die Augen sichtbar macht und damit die Sehkraft aktiviert, so macht das Licht der Wahrheit begriffliche Zusammenhänge erkennbar und aktiviert das Vernunftvermögen in der Seele. Dunkelheit und Finsternis hingegen verwischen die Konturen und lassen die Gegenstände verschwinden – sowohl für die Augen wie für die Vernunft. Die veränderliche Materie ist es, die die Menschen in die Irre führt, weil sie über das, was sich weder durchschauen noch als ein Gleichbleibendes denken lässt, nur Vermutungen anstellen können. Die Materie als Inbegriff des Kompakten, Opaken, Verworrenen, Unerleuchteten schwächt die Sehkraft und das Vernunftvermögen.

Die Parallele zwischen Sehen und Denken durchzieht die Geschichte der Philosophie. René Descartes machte, wie bereits erwähnt, die Wahrheit einer Erkenntnis von der Klarheit und Deutlichkeit abhängig, mit welcher ein Problem zur Evidenz gebracht wird. Dunkle und verworrene Begriffe sind ungeeignet, um die Komplexität eines Sachverhalts zu erhellen. Man muss sie gleichsam reinigen, um Einsicht in die Wahrheit zu erhalten. Immanuel Kant sprach von einer Kritik der *reinen* Vernunft, womit er ähnlich wie Platon einen Vernunftbegriff favorisierte, der in sich und für sich durchsichtig, von empirisch-materiellen Vorgaben gereinigt ist.

In der Neuzeit begann der Mensch sich im Zuge der Aufklärung von kosmischen und religiösen Dogmen zu befreien, in der Annahme, dass sie seine Sicht der Dinge verdunkeln. Er ging, wie Kant den Prozess der Aufklärung beschreibt, aus seiner selbst verschuldeten Unmündigkeit heraus, um mündig zu werden, das heisst: um seine Vorurteile – jenes vermeintliche Wissen, das er ungeprüft von anderen übernommen hat und für wahr hält – kritisch zu analysieren und die Normen, an denen er sein Handeln ausgerichtet hat, hinsichtlich ihrer Gültigkeit zu befragen. Ziel seiner Emanzipationsbemühungen ist die autonome Person, die allein das Wahrheitsprinzip und das Freiheitsprinzip für ihre Selbstentwicklung gelten lässt.

Das neuzeitliche Menschenbild verinnerlichte die in der Antike und im Mittelalter veräusserlichten, in den Kosmos oder in einen Gott projizierten Ideale. So charakterisierte Herder die Entwicklung des Menschengeschlechts als eine Art geistige Evolution, in deren Verlauf die Schöpfung sich auf ihr Endziel zubewegt. Das Selbst bildet sich in einer sozialen und kulturellen Umwelt, die sich im wechselseitigen Austausch von miteinander sprechenden, auf die Welt intellektuell und emotional reagierenden Menschen immer wieder neu gestaltet. Die durch Sozialisation und Kulturalisierung hergestellte Vernetztheit des modernen Menschen, der zwar zur Autonomie fähig ist, um diese Fähigkeit auszubilden aber auf die Hilfe des Kollektivs angewiesen ist, macht deutlich, dass Aufklärung auf einem geistigen Generationenvertrag beruht, der dafür sorgt, dass nicht nur auf der Ebene der Theorie der jeweils erreichte Stand in Wissenschaft und Technik an die nächste Forschergeneration weitergegeben wird, sondern auch in der Praxis das Ensemble jener Weltanschauungen und Wertvorstellungen zum Tragen kommt, die das Menschenbild normativ bestimmen.

Durch Aufklärung autonom zu werden beinhaltet aber zugleich: sich kritikfähig zu machen und Vorurteile nicht einfach als Wahrheiten zu übernehmen, nur weil sie in einer altehrwürdigen Tradition stehen, sondern sie zuerst im eigenen Lebenskontext zu prüfen, bevor sie als Orientierungshilfen für das eigene Denken und Handeln in Kraft treten.

In der französischen Aufklärung, die sich mit den Namen Voltaire, Diderot, Montesquieu und Rousseau verbindet, wurden verschiedene Arten von Vorurteilen unterschieden. (1) Die Vorurteile der Autorität: Man glaubt etwas blindlings, das eine Autoritätsperson im familiären, schulischen, politischen oder kirchlichen Bereich für wahr ausgibt. (2) Manche Vorurteile beruhen auf Übereilung: Man urteilt vorschnell über einen Sachverhalt, ohne sich die Mühe gemacht zu haben, ihn genauer zu untersuchen. (3) Es wurden Vorurteile übermässigen Vertrauens und (4) übermässigen Misstrauens unterschieden. Einer Person, der man vertraut, nimmt man mehr oder weniger unbesehen alles ab, was sie sagt, während eingefleischtes Misstrauen überall Zweifel sät, auch wenn es dafür keinen vernünftigen Grund gibt.

In der Aufklärung ging man davon aus, dass Menschen aufzuklären heisst: sie urteilsfähig zu machen, indem man ihnen hilft, ihre Urteilskraft zu entwickeln. Urteilsfähig ist jedoch nur, wer genügend Bescheid weiss über die Sachverhalte, die es zu beurteilen gilt. Die Voraussetzung dafür war ein umfassendes Wissen sowohl über wichtige Lebensbereiche als auch über das eigene Sinnes- und Erkenntnisvermögen als die relevanten Urteilsinstanzen. Was Letztere betrifft, so können gerade auch diese Quellen für Vorurteile sein, dann nämlich, wenn eines dieser Vermögen von den anderen isoliert und verabsolutiert wird.

Machen wir die Erkenntnisvermögen der Einfachheit halber an den Körperregionen fest, an Kopf, Herz, Bauch und Hand. Die Vorurteile des Kopfes als Sitz von Verstand und Vernunft entstehen durch Überbewertung des Rationalen. Die Vorurteile des Herzens gehen aus einer überschiessenden Emotionalität hervor, die ins Irrationale abdriftet. Die Vorurteile des

Bauches beruhen auf einer überproportionalen Gewichtung der Affekte, etwa wenn Entscheidungen aus dem Bauch heraus getroffen werden. Die Vorurteile der Hand schliesslich münden in einen Machbarkeitswahn.

Vorurteile, so könnte man sagen, werden stets dann die Folge sein, wenn man nur auf eine Stimme im Körper hört und alle übrigen ausschaltet. Der Kopf wird terroristisch, wenn er seine Idealkonstrukte gegen die Stimmen von Herz, Bauch und Hand durchsetzen will. Das Gleiche gilt für Herz, Bauch und Hand, wenn sie einen Alleinvertretungsanspruch für sich behaupten und sich nicht um den Beitrag der übrigen Urteilsinstanzen im Menschen kümmern. Vorurteile lassen sich demnach nur verhindern, wenn man allen vier Stimmen Gehör verschafft und sich anhand des Gehörten ein ganzheitliches Bild von dem zu beurteilenden Sachverhalt macht. Beim abschliessenden Urteil kann es dann allerdings durchaus vorkommen, dass der einen oder anderen Stimme grösseres Gewicht gegenüber den anderen eingeräumt wird, aber dies muss unter allen vier Urteilsinstanzen ausgehandelt werden.

Halten wir fest: Die Errungenschaften der Aufklärung bestehen aus philosophischer Sicht darin, dass der Mensch sich emanzipiert. Das lateinische Verb *emancipare* bedeutete ursprünglich die Entlassung des Sohnes aus der väterlichen Gewalt; der männliche Nachwuchs wurde freigegeben und konnte von nun an allein über sich selbst bestimmen. Im übertragenen Sinn hat der emanzipierte Mensch sich im Zuge seiner Selbstaufklärung von jeglicher Fremdbestimmung befreit, sowohl von den Fesseln der Religion, die ihn an den Willen eines mythisch verbrämten allmächtigen Wesens ketteten, als auch von den Fesseln der Evolution, die ihn zum Spielball der Natur machten. Aufklärung machte den Menschen autonom, was bedeutet, dass er keine von fremden Autoritäten übernommenen Vorurteile mehr anerkannte, sondern nur sein eigenes Gesetz: *autos nomos*.

Aufklärung ist als grundlegendes Mittel der Kritik unverzichtbar. Die Errungenschaften der Aufklärung sind immerhin die, dass unser Problembewusstsein geschärft wurde, wir tradierte Vorurteile nicht mehr unbefragt übernehmen und nichts mehr ungeprüft als wahr gelten lassen, weder die von Religion und Moral erhobenen Geltungsansprüche noch die von öffentlichen Personen verbreiteten Ansichten. Das Erbe der Aufklärung besteht in der Aufforderung, seine Urteilskraft zu schulen, selber zu denken und selbstverantwortlich zu handeln, anstatt sich kritiklos dem Fluss des Mainstreams zu überlassen.

Wissensformen

Was uns Menschen von anderen Lebewesen unterscheidet, ist die Suche nach der unverwechselbaren, je eigenen Identität. «Wer bin ich?» ist eine Frage, die uns lebenslang umtreibt, immer verbunden mit der Frage «Wer will ich sein?». Diese Fragen können nicht von Aussenstehenden beantwortet werden, sondern nur je von mir selbst. Schon die Inschrift am Apollo-Tempel in Delphi forderte dazu auf: Erkenne dich selbst! Zwar stand es den Griechen frei, das Orakel zu befragen oder sich mit anderen zu beraten, um etwas über sich und die Zukunft herauszufinden, aber letztendlich dienten die auf diese Weise erhaltenen Informationen nur dazu, sich ein eigenes Bild von sich selbst zu machen, von den persönlichen Bedürfnissen, Wünschen und Zielen.

Dann beginnt die eigentliche Aufgabe, nämlich das eigene Leben mit Sinn zu erfüllen. Und dabei ist zu berücksichtigen, dass das Ich nicht allein auf der Welt ist, sondern Teil eines Wir, einer Kommunikations- und Handlungsgemeinschaft, in die sich das Ich auch nachdem es mündig und damit autonom geworden ist integrieren muss. Doch übernimmt es nun die überkommenen Wertstandards und die geltenden Regelsysteme nicht mehr fraglos, sondern prüft sie aus kritischer Distanz auf ihre Verbindlichkeit. Kriterium ist dabei die persönliche Freiheit, die jedoch ihre Grenze an der Freiheit der anderen hat. Die Ziele, die ich mir selbst setze, und die Sinnvorstellungen, die ich verwirklichen möchte, müssen verträglich sein mit den berechtigten Glücksansprüchen der anderen, deren Recht auf freie Selbstentfaltung gewährleistet sein muss. Treten Interessenkollisionen auf, haben alle Beteiligten die Pflicht, sich um eine einvernehmliche Lösung zu bemühen, anstatt das Willkürprinzip oder die Ausübung von Gewalt den Sieg davontragen zu lassen.

Die Sinnsuche des Einzelnen als Mitglied eines Kollektivs bewegt sich demzufolge stets zwischen dem Wunsch nach uneingeschränkter Selbstverwirklichung und den berechtigten Ansprüchen der anderen, deren Freiheitsspielraum dadurch beschnitten wird. Autonomie ist nicht mit massloser oder grenzenloser Freiheit zu verwechseln, sondern bedeutet Freiheit, die sich selbst ein Gesetz gibt: *autos nomos*, wie es der griechische Ausdruck besagt. Und dieses Gesetz lautet: So viel Freiheit für alle wie möglich, so viel Restriktionen wie nötig, um diese Freiheit aller zu gewährleisten.

Ein unbändiger Freiheitsdrang verabsolutiert die eigene Freiheit. Das damit verbundene Anrennen gegen alles, was mit der Forderung «du sollst, du darfst nicht, du musst» versehen ist, scheint nötig, um die eigene Kraft zu spüren, die Kraft, seinen eigenen Willen durchzusetzen. Der Widerstand gegen Einschränkungen und Begrenzungen der eigenen Freiheit darf jedoch nicht dazu führen, dass grundsätzlich jegliche Reglementierung abgelehnt wird. Es geht vielmehr darum, unterscheiden zu lernen. Nicht alles «du sollst, du darfst nicht, du musst» unterdrückt meine Freiheit, sondern kann Ausdruck der Schützenswürdigkeit von Freiheit sein. «Du sollst nicht töten!», «Du darfst niemanden foltern», «Du musst dich für die körperliche und geistig-seelische Unversehrtheit jedes Menschen einsetzen.» Lauter Forderungen, die sich an meine Freiheit richten und die Achtung des Menschenrechts auf Unverletzlichkeit der Person gebieten.

Aber wie lernt man, diesen Unterschied in konkreten Situationen angemessen zu berücksichtigen, vor allem wenn sich daraus erhebliche Restriktionen der eigenen Freiheit ergeben? Lernen im Zusammenhang mit dem Selbstwerdungsprozess bedeutet Aneignung von erkenntnis- und handlungsorientierendem Wissen. Francis Bacon, einem grossen Logiker und Wissenschaftstheoretiker des 16. Jahrhunderts, wird das Diktum zugeschrieben: Schaff' dir Wissen, denn Wissen ist Macht. Fragen wir uns, wie diese Aufforderung verstanden werden kann, ohne dass die Verbindung von Wissen und Macht zu jenen fatalen Folgen führt, die ein zur Sucht gewordenes Streben nach Macht im Gepäck hat. Welche Art von Wissen könnte gemeint sein und was für eine Macht erlangen wir durch solches Wissen? Vom Verfügungswissen, das insbesondere im technischen Know-how seine Anwendung findet, unterscheiden wir in Anlehnung an Jürgen Mittelstraß das Orientierungswissen, das uns mit den sozialen Bedingungen einer menschlichen Gemeinschaft vertraut macht: mit den geteilten Wertstandards und moralischen Überzeugungen, mit den politischen Strukturen eines demokratischen Rechtsstaats, mit den im Verlauf einer langen Tradition erbrachten kulturellen Leistungen und religiösen Hoffnungen, mit den der Kommunikation zugrunde liegenden Sprachspielen – kurz mit dem ganzen Netz an zwischenmenschlichen Beziehungen, in welchem sich unsere kollektiven Sinnvorstellungen niedergeschlagen haben.

Orientierungswissen bietet im Unterschied zum Verfügungswissen keine kausalen Erklärungen für mechanisch ablaufende und technisch herstellbare Prozesse, sondern deckt historisch gewachsene Lebenszusammenhänge auf und ermöglicht damit ein Verstehen von Sinn. Dieses Sinnverstehen eröffnet den normativen Horizont, in welchem wir unser Handeln orientieren und bewerten. Wir stimmen uns mit den legitimen Bedürfnissen und Interessen der anderen ab, um einvernehmlich, unter Respektierung ihrer Freiheit, unsere Ziele zu verwirklichen. Der Masslosigkeit des Verfügungswissens kann nur vorgebeugt werden, wenn es der Kritik durch das Orientierungswissen ausgesetzt wird und das technisch Machbare an dem für die Handlungsgemeinschaft insgesamt Wünschenswerten überprüft. Nur mittels des Orientierungswissens, das fragt, welches Wissen wir zu welchem Zweck wollen, können dem seiner Natur nach masslosen Verfügungswissen Grenzen gesetzt werden.

Orientierungswissen und Verfügungswissen waren ursprünglich, im Menschenbild des *Homo sapiens*, eng aufeinander bezogen. Entsprechend wurde auf Verfügungswissen zielende Forschung nur im Horizont der durch das Orientierungswissen gezogenen Grenzen betrieben. Dies entsprach der in der humanistischen Idee des *Homo sapiens* am Modell des Organismus abgelesenen Vorstellung von Ganzheitlichkeit, der gemäss die Tätigkeiten von Kopf, Herz, Hand und Bauch stets aufeinander abgestimmt werden müssen bei der Entwicklung und kreativen Umsetzung von Plänen, Projekten, Entwürfen.

Dieses Ideal eines ganzheitlichen Menschen hat sich im Verlauf der Zeit auseinanderdividiert. Kopf, Herz, Hand und Bauch verfolgten mehr und mehr getrennt voneinander ihre je eigenen Sinnziele. Aus dem Menschenbild des *Homo sapiens* sind *Homo faber* (der handwerklich tätige, Geräte herstellende Mensch) und *Homo oeconomicus* (der Wirtschaft treibende

Mensch) ausgeschert. Vom Kopf nahmen sie lediglich die Zweckrationalität und die Erfindungsgabe mit, von der Hand die Bedienungsfunktion, und das Herz sowie den Bauch verbannten sie in den Privatbereich.

Das aus der Perspektive schrankenlosen Verfügungswissens entstandene Ideal einer verkürzten menschlichen Praxis, die auf der Basis von Nutzenkalkülen und Maximierungsstrategien ein maschinell gestütztes quantitatives Wachstum in Gang setzte, hat zu einer Verkümmerung des Menschen geführt, insofern der Kopf ohne den mässigenden Einfluss des Herzens terroristisch wurde, das Herz ohne die kognitive Unterstützung des Kopfes sich in irrationalen Emotionen verausgabte, die Hand über den immer gleichen mechanischen Abläufen mit ihrer Gelenkigkeit den künstlerischen Schwung verlor und dem Bauch der Geschmackssinn abhandenkam.

Das weitgehend reduzierte Menschenbild, wie es uns heute aus der Werbung und der Unterhaltungsindustrie entgegenblickt, ist entsprechend *Homo consumens*, der genuss- und vergnügungssüchtige Mensch, der sich alles einverleibt, worauf er Lust und woran er Spass hat. Gemäss dem Motto «Nach uns die Sintflut» soll das Leben voll ausgeschöpft werden – ohne Rücksicht auf die ausgebeutete, aus dem Gleichgewicht gebrachte Natur und ohne Mitgefühl für die nach uns kommenden Generationen, denen wir eine ihrer Vielfalt beraubte Natur und eine verwüstete Erde hinterlassen. Individuelle und kollektive Sinnsuche erschöpfen sich heutzutage vielfach im Ausleben von Süchten, die durch den Verlust der Ganzheitlichkeit entstanden sind. Diese Süchte sind fehlgeleitete Sehnsuchtsbestrebungen nach einem rundum erfüllenden Ganzen. Anstatt dass Kopf, Herz, Hand und Bauch wieder zusammenfinden und sich gegenseitig unterstützen, streben sie getrennt voneinander nach einem Ganzen des Kopfes, des Herzens, der Hand und des Bauches, was dazu führt, dass nicht nur der Mensch immer eindimensionaler wird, innerlich zerrissen und fragmentarisiert, sondern auch die Gesellschaft in Kopfmenschen, Herzmenschen, Handmenschen und Bauchmenschen zerfällt.

Dass der Mensch aufrecht gehen kann mit erhobenem Kopf, verdankt er nicht dem Kopf, sondern dem Zusammenspiel des gesamten Organismus, in welchem die mentale Kraft des Verstandes bzw. der Vernunft aufgrund ihrer Ordnung stiftenden, strukturierenden und koordinierenden Funktionen zwar eine zentrale ist, die aber gleichwohl auf ein Material angewiesen ist, an dem sie ihre Kraft ausüben kann. Der menschliche Leib in seiner vertikalen Gestalt ist das beste Beispiel dafür, dass oben und unten nicht als feindliche Entgegensetzungen zu begreifen sind, sondern als gleichwertige, einander stützende und sich gegenseitig bedingende Pole: Wie die Kopfregion nicht ohne einen tüchtigen Bauch funktioniert, so entgleist die Bauchregion ohne einen klaren Kopf. Die Synthese von Kopf und Bauch, gleichsam die Sinnmitte ihrer Wechselbezüglichkeit, ist das Herz als der lebendige Motor, der den Organismus in seiner Vitalität erhält und seine Beweglichkeit ermöglicht.

Um dem Trend der Vereinzelung entgegenzuwirken, müssen wir uns vermehrt um Orientierungswissen kümmern, das dem Hang zum Verfügungswissen die Konsequenzen vorrechnet und die Augen öffnet für ganzheitliche Sinnentwürfe, in welche das Verfügungswissen integriert ist nach Massgabe einer Kosten-Nutzen-Rechnung, die *sämtliche* mit dem Ideal einer durchgehenden Rationalisierung unserer Lebenswelt verbundenen Kosten – auch den ökologischen Preis und den Verlust an Menschenwürde – auflistet.

Vielleicht ist der *Homo oecologicus* (der auf seine Umwelt bedachte, nachhaltig wirtschaftende Mensch) der Mensch der Zukunft, der wieder ganzheitliche, dem *Homo sapiens* verwandte Mensch, dessen Weisheit darin besteht, dass er das Verfügungswissen dem Orientierungswissen unterstellt. So könnten im Rahmen der für die globale Solidargemeinschaft insgesamt verbindlichen Sinnziele Konzepte eines für alle guten Lebens erarbeitet werden, die auf einer Interaktion von Kopf, Herz, Hand und Bauch beruhen und einem sich verselbstständigenden Spezialisten- und Technokratentum, dessen Anhänger immer mehr über immer weniger wissen, einen Riegel vorschieben.

Der Blick auf den Sinnbegriff verweist auf eine qualitative Fülle und mahnt den Aspekt des Ganzheitlichen an. Unter «Sinn» kann eine feste Orientierungsnorm verstanden werden, die wie ein Kompass in jeder Situation hilft, den jeweils richtigen Weg zu ermitteln. «Sinn» kann aber auch dynamisch aufgefasst werden in der Bedeutung des neuhochdeutschen Verbs *sinnan* = reisen, streben, gehen. Darin gelangt der bewegliche Aspekt des horizontalen Vorwärtsschreitens und Überwindens einer Wegstrecke zum Ausdruck, wobei diese Überwindung das immanente Ziel des Vorwärtsschreitens ist. In dieser dynamischen Auffassung von «Sinn» klingt auch das althochdeutsche Verb *sinnen* = mit den Sinnen wahrnehmen mit an. Wer sich bewegt, Erfahrungen macht in wortwörtlicher Bedeutung: man er-fährt sein Leben, tut dies jedoch nicht mit geschlossenen Augen, sondern offenen Blicks für die möglichen Gefahren, aber auch für die Schönheit des im und am Wege Liegenden.

Anders als ein Kompass, der beharrlich immer in dieselbe Richtung weist, oder als die Sterne, die als unveränderliche Fixpunkte am Himmel dem Seefahrer jederzeit eine exakte Orientierung ermöglichen, ist der individuelle Sinnentwurf nie fertig. Er ist ein flexibles Gebilde, das im Licht neuer Erfahrungen jederzeit revidiert werden kann. Allerdings scheitern die meisten Versuche, aus seinem Leben radikal auszusteigen und einen totalen Neuanfang zu wagen mit einem gänzlich anderen Sinn- und Selbstentwurf. Man kann sein altes Ich nicht einfach abstreifen kann wie ein Kleid, um sich ein neues überzuziehen. Selbstveränderungsprozesse sind schmerzhaft und brauchen Zeit. Man kann nicht gleichsam aus dem Stand heraus ein anderer Mensch werden, eben weil zum neuen Selbstentwurf auch die Umsetzung gehört, das Gehen von Wegen, die erst noch zu bahnen sind, wobei Umwege und Holzwege in Kauf genommen werden müssen.

Zukunftsvisionen

Wunschlos glücklich?

Es gibt viele Spielarten des Glücks – und unzählige Definitions-
versuche, die von vornherein daran scheitern, dass das Glück
begrifflich nicht fassbar ist. Vom Glück kann man nur erzählen,
in Alltagsgeschichten, Anekdoten und Gesprächen davon be-
richten, wie jemand sein Glück gefunden, gemacht oder verfehlt
hat, wo er Glück hatte oder wodurch er unglücklich geworden
ist. Das mit Glück Gemeinte ist zu gross, als dass es in einer
knappen Begriffsbestimmung auf den Punkt gebracht werden
könnte. Sein Überfluss kann nur narrativ aufgefangen werden,
aber auch tausendundeine Nacht reichen nicht aus, um die
Vielfalt von Glücksereignissen, Glücksgütern und Glücksemp-
findungen einzufangen.

Menschen sind sterbliche Wesen und existieren unter
Raum-Zeit-Bedingungen. Daher bietet sich eine Annäherung
an die Glücksthematik einerseits aus der räumlichen, andererseits aus der zeitlichen Perspektive an. Beginnen wir mit der
Frage, wo das Glück zu Hause ist. Sie führt uns an Orte, die mit
dem Glück in Zusammenhang gebracht werden, an Körperorte
und an geographische Orte. Für die körperliche Verortung des
Glücks ist als Erstes der Kopf ein geeigneter Kandidat. *Heureka*
(ich hab's gefunden), soll Archimedes gejubelt haben, als er bei
einer Untersuchung des Goldgehalts einer Krone das Gesetz
des spezifischen Gewichts entdeckte. Anschliessend habe er

sich in übermütiger Freude seiner Kleider entledigt und sei splitternackt nach Hause gelaufen. Das durch den Ausruf *Heureka* mitgeteilte Finder- oder Erfinderglück wird im Kopf erzeugt. Hypothesen, Gedankenexperimente, Beweismethoden und Testverfahren sind Teile eines Problemlösungsverfahrens, für das der Kopf seine logischen und argumentativen Denkressourcen bereitstellt. Das intellektuelle Glück, das sich einstellt, wenn das Gesuchte gefunden ist, erstreckt sich vom Kopf aus auf den ganzen Körper, was bei Archimedes seinen Ausdruck in dessen Nacktheit findet.

Die Nacktheit scheint mir ein Hinweis darauf zu sein, dass Archimedes sich wie neugeboren fühlt, wobei sein Glück daraus resultiert, dass er sich als Erfinder – durch eigene Leistung – selbst auf die Welt gebracht hat. Die Vorstellung, dass auch Männer gebären können, indem sie sich in einer Art Kopfgeburt reproduzieren, lässt erkennen, dass der Mann die Frauen um ihre Gebärfähigkeit zwar beneidet, seine geistige Kreativität jedoch als der natürlichen Fortpflanzungsfähigkeit überlegen behauptet. So hat schon Sokrates, der den Erfolg seiner philosophischen Gespräche auf seine als Hebammentätigkeit bezeichnete Dialogführung zurückführte, seine Lehrbemühungen als Mäeutiker (Geburtshelfer) so beschrieben, dass er den mit ihren selbst erzeugten Gedanken schwanger gehenden Schülern bei der Entbindung von ihren Kopfgeburten behilflich sei. Friedrich Nietzsche hat die «geistige Schwangerschaft» (KSA 3, 430) als eine höherrangige, der natürlich-biologischen Produktivität der Frauen überlegene Form von Kreativität behauptet und damit das intellektuelle Glück, dessen nur Männer kraft ihres Willens teilhaftig werden können, an die Spitze der Glücksskala gerückt. In *Also sprach Zarathustra* gibt er dafür die lapidare Begründung: «Das Glück des Mannes heisst: ich will. Das Glück des Weibes heisst: er will» (KSA 4, 85).

Als zweiter Körperort des Glücks empfiehlt sich das Herz. Hier sind die Gefühle zu Hause, insbesondere die Glücksgefühle, die sich vor allem in zwischenmenschlichen Beziehungen einstellen. Das höchste dieser Gefühle findet seinen Ausdruck im ‹Ich liebe dich› und erfährt noch eine Steigerung, wenn das Gegenüber die Liebe erwidert. Das emotionale Glück findet sich noch in weiteren Beziehungsmustern, die das Sprichwort bestätigen: Geteiltes Glück ist doppeltes Glück. Wer anderen in einer Notlage uneigennützig hilft, Solidarität mit gefährdeten Mitmenschen bekundet, macht damit nicht nur die Betroffenen glücklich, sondern auch sich selbst. In der Schweiz heisst das Spendenkonto, für das bei Katastrophen um Geld zur Unterstützung der Opfer geworben wird, «Glückskette». Albert Camus hat seinerzeit von einer «Solidarität der Kette» gesprochen (Revolte, 21). Das Bild der Kette symbolisiert jenen Halt, den die Menschen in einer Solidargemeinschaft einander geben, wenn jedes Mit-Glied sich in ein anderes Glied der Kette einhakt und damit für den inneren Zusammenhalt sorgt, der das Unglück draussen hält.

Als dritter Körperort des Glücks rückt der Bauch ins Zentrum. Hier haben wir es mit dem affektiven Glück zu tun, das sich in einem simplen ‹Mir schmeckt's› äussern kann und als Auswuchs im Gegröle der besoffenen Studenten zutage tritt, die in Auerbachs Keller brüllen: «Mir ist ganz kannibalisch wohl als wie fünfhundert Säuen» (Faust 1, V; Werke 3, 81). Während Faust zu Beginn des Dramas sein Unglück beklagt, dass er trotz lebenslanger Bemühungen nicht herausgefunden hat, was die Welt im Innersten zusammenhält, und ihm das intellektuelle Glück, das *Heureka*, versagt blieb, mühen sich die Studenten gar nicht mehr erst ab mit den Wissenschaften, sondern suchen ihr Glück im hemmungslosen Genuss. John Stuart Mill hat entsprechend zwei Typen von Menschen unterschieden (Utilitarismus, 17 f.). Auf die eine Seite stellt er den Typus des ewig unzufriedenen Sokrates, auf die andere den des gut genährten, wohlig grunzenden Schweins. Während der eine sein Glück in der selbstkritischen Analyse seiner Affekte findet, gibt der andere sich zügellos seinen sinnlichen Begierden hin.

Das affektive Glück ist vor allem Konsumglück. Die Spannbreite der auf diese Weise Glücklichen erstreckt sich vom stillen Geniesser über den Feinschmecker bis hin zum Vielfrass – vom Gourmet bis zum Gourmand. Neben dem Geschmackssinn als Indikator der Genussfreuden ist für die Intensität des affektiven Glücks der Status der Bedürftigkeit, des Mangels, der Entbehrung entscheidend. Extremer Hunger und Durst wollen gestillt werden, auch wenn dazu nur Wasser und Brot zur Verfügung stehen. Der Feinschmecker hingegen verhält sich wählerisch, schärft in der Vorfreude auf den erwarteten Genuss schon einmal seine Geschmacksknospen und gibt sich dann ganz seiner Lust an ausgesuchten Speisen, Getränken und Rauchwaren hin.

Das Glück des Bauches beschränkt sich nicht nur auf das Eingeweideglück, sondern bezieht in erheblichem Mass auch die Geschlechtsorgane mit ein. In deren Brennpunkt befinden sich sexuelle Glückserlebnisse, die von beiden Geschlechtern mit zu den intensivsten Lustempfindungen gezählt werden.

Das Konsumglück insgesamt hängt eng mit dem Habenwollen, dem Besitzstreben zusammen. Materielle Glücksgüter sollen das Leben angenehm machen und zum körperlich-seelisch-geistigen Wohlbefinden beitragen. Getragen von der Überzeugung, dass auch die Anerkennung der Mitmenschen wächst, je mehr man hat, sind Reichtum, Ruhm und Ehre seit Platons und Aristoteles' Zeiten allgemein begehrte Glücksgüter, obwohl sie oft Gier und Geiz als unerwünschte Nebenwirkungen erzeugen.

Der vierte Körperbereich, an dem das Glück verortet wird, findet sich in den Extremitäten. Wenn wir von einer glücklichen Hand sprechen, meinen wir mehr als nur eine gewisse Fingerfertigkeit oder handwerkliche Geschicklichkeit. Das manuelle Glück verdankt sich mindestens ebenso sehr einem künstlerisch-gestalterischen Talent. Wer zum Beispiel einen grünen Daumen besitzt, versteht es, Blumen, Gärten und Parkanlagen nicht nur zum Blühen zu bringen, sondern auch ästhetisch zu arrangieren. Nicht zu vergessen sind schliesslich die Beine. Ihr Glück finden sie im Lustwandeln und im Wandern. «Das Wandern ist des Müllers Lust ...». Jede Art von sportlicher Betätigung kann als Glücksspender fungieren.

Die vier verschiedenen Glücksorte, die sich am menschlichen Körper ausmachen lassen – Kopf, Herz, Bauch und Hand – finden ihre Ergänzung in den fünf Sinnen. Vom Geschmackssinn war schon im Kontext des Bauchglücks die Rede. Dass auch die Augen ein Glücksort sind, lässt uns Lynkeus, der Turmwächter in Goethes *Faust*, wissen: «Zum Sehen geboren, / Zum Schauen bestellt, / Dem Turme geschworen, / Gefällt mir die Welt. / Ich blick' in die Ferne, / Ich seh' in der Näh / Den Mond und die Sterne, / Den Wald und das Reh. / [...] Ihr glücklichen Augen, / Was ihr je geseh'n, / Es sei, wie es wolle, / Es war doch so schön!» (Faust 2, V; Werke 3, 379)

Die Augen als Einfallstor zur Schönheit des Universums sind ebenso ein Hort des Glücks wie die Ohren, wenn sie harmonische Klang- und Sprachgebilde zu hören bekommen, die sie beglücken. Eine glückliche Nase ist voller Wohlgerüche, und ein glücklicher Tastsinn erfühlt einen Gegenstand, dessen Oberfläche ihn entzückt.

Zwar sind die körperbezogenen Glücksorte voneinander getrennt. Als Teile eines Organismus sind sie jedoch miteinander vernetzt, was eine Intensivierung der isoliert aufgelisteten Glückserlebnisse nach sich ziehen kann. So ergänzen sich zum Beispiel intellektuelles und manuelles Glück, wenn ein theoretisch entwickeltes Konzept erfolgreich in der Praxis umgesetzt wird. Emotionales und affektives Glück verstärken sich gegenseitig, wenn in der Liebe das Herz und der Unterleib sich miteinander verbinden. Der Bauch profitiert vom Kopf, wenn er dessen Appelle beherzigt, Mass zu halten. Je mehr Körperorte zusammenwirken, desto ganzheitlicher ist das Glückserlebnis. Der Körper ist dann ganz vom Glück durchdrungen, und wir empfinden eine ungeteilte Freude.

Ein extremes Beispiel für eine solche ganzheitliche Glückserfahrung findet sich in Albert Camus' Deutung des Sisyphos-Mythos. Camus' gleichnamiger Essay endet mit dem Satz «Wir müssen uns Sisyphos als einen glücklichen Menschen vorstellen» (Mythos, 160). Diese Behauptung scheint absurd, wenn man das schreckliche Schicksal des Sisyphos betrachtet. Er hatte den Tod in Ketten gelegt, um die Menschen vor dem Tod zu bewahren. Dafür war er von den Göttern grausam bestraft worden. Er musste unablässig einen Felsbrocken einen Berg hinaufwälzen. Kaum auf dem Gipfel angekommen, rollte der Stein wieder zurück ins Tal und die mühselige Plackerei begann von neuem – ohne dass ein Ende absehbar war.

Nichts macht unglücklicher, so denkt man, als eine vollen Krafteinsatz erfordernde Tätigkeit, von der man von vornherein weiss, dass sie vergeblich und damit sinnlos ist. Sisyphos weiss, dass der Stein nie oben liegen bleiben wird. Seinen Anstrengungen wird kein Erfolg beschieden sein. Das ist ein Grund für Hoffnungslosigkeit und tiefste Verzweiflung. Wieso kann Camus dann behaupten, dass Sisyphos ein glücklicher Mensch sei? Die Plausibilität dieser These ergibt sich daraus, dass es Sisyphos gelingt, alle seine Körperorte des Glücks so zu mobilisieren, dass sie das Problem gemeinsam bewältigen. Fangen wir beim Kopf an. Die Tücke der Strafe lag darin, dass die Götter dem Sträfling suggerierten, Ziel seines Handelns sei der Berggipfel, auf dem der Felsblock liegen bleiben müsse. Zu-

gleich verhinderten sie jeweils im letzten Moment das Erreichen dieses Ziels.

Sisyphos hat während des Abstiegs vom Berg eine Atem-
pause, in der er über die Sinnlosigkeit seines Lebens nachdenkt.
Ihm wird klar, dass sein Unglück mit der von den Göttern vorgegebenen Zielsetzung zusammenhängt. Davon muss er sich
unabhängig machen, aber wie? Seine existentielle Grundsituati-
on liess sich nicht ändern, aber konnte er sich nicht innerhalb
der ihm unverfügbaren festen Rahmenbedingungen ein eigenes
Ziel setzen, ein Ziel, das nicht mehr auf dem Berggipfel lag,
sondern anderswo? Vielleicht in ihm selbst? Als er gründlicher
nachdachte, kamen ihm sein Herz und sein Bauch zu Hilfe. Sie
fachen seine leidenschaftliche Liebe zum Leben und seine Verachtung der Götter an, die sich durch ihre Gnadenlosigkeit und
Lebensfeindlichkeit selbst als Götter disqualifizierten. Er strich
sie als sein Handeln bestimmende Instanzen und damit zugleich ihre Zielvorgabe aus seinem Leben.

In einem zweiten Schritt dachte Sisyphos über sich selbst
und seine Möglichkeit nach, trotz aller Widrigkeiten ein ge-
glücktes Leben zu führen. Er begriff, dass das Ziel, das er selbst
bestimmen konnte, vor seinen Füssen und in der Kraft seiner
Arme lag. Der Weg war sein Ziel, nicht der Berggipfel. Jeder
Schritt, mit dem er seine Last voranbrachte, war ein erfolgreich
zurückgelegtes Stück Weg. Und Sisyphos wurde klar, dass er
damit seine Autonomie, die Verfügungsmacht über sein Leben,
wieder an sich gerissen hatte, indem er sich mit dem Bewältigen
des Weges sein eigenes Ziel setzte. Genau damit, dass er den
Berggipfel nicht als Endpunkt, sondern als blosse Durchgangs-
passage bestimmte, durchkreuzte er die perfide Strategie der
Götter. Er war wieder Herr seiner selbst.

Wie sehr sich jedoch für ihn seine Lebensqualität verändert hatte, nachdem er seinem Handeln nicht mehr eine lineare, sondern eine zirkuläre Struktur zugrunde legte, der zufolge

jeder Punkt auf dem Kreis des von ihm nach oben und nach unten zurückgelegten Weges zugleich Ausgangs- und Zielpunkt war, lässt sich daran ermessen, wie er den Einsatz seiner Körperkräfte steuert. Camus schreibt: «wir sehen das verzerrte Gesicht, die Wange, die sich an den Stein presst, sehen, wie eine Schulter den erdbedeckten Koloss abstützt, wie ein Fuß sich gegen ihn stemmt und der Arm die Bewegung aufnimmt, wir erleben die vollkommen menschliche Sicherheit zweier erdbeschmutzter Hände» (Mythos, 156 f.). Der ganze Körper arbeitet mit, um den Stein zu wuchten, fast als handle es sich um eine Umarmung, eine Verschmelzung gar mit dem Felsbrocken, der Sisyphos eigentlich als Feind zugedacht worden war.

Die Koordination und Kooperation von Kopf, Herz, Bauch, Beinen und Händen macht ihn glücklich. «Darin besteht die verborgene Freude des Sisyphos. Sein Schicksal gehört ihm. Sein Fels ist seine Sache. [...] Er ist stärker als sein Fels» (ebd., 159, 156). Mit seiner Lebensfreude kehrt auch die Aufmerksamkeit seiner Sinne zurück, die unter der gewaltigen Belastung abgestorben waren. Er sieht plötzlich seine Umgebung, den Berg, das Tal, mit neuen Augen, nimmt ihre Lebendigkeit und ihre Schönheit wahr. Seine Ohren vernehmen wieder «die tausend kleinen, höchst verwunderten Stimmen der Erde» (ebd., 159). Kurz: Sisyphos hat es geschafft, seine körperlichen Glücksorte wiederzubeleben und mit deren Unterstützung seinem Leben neuen Sinn zu geben, einen Sinn, der das ganze Universum mit einschliesst.

Von den Körperorten gehen wir weiter zu den geographischen Glücksorten. Schon die ältesten uns bekannten Dokumente kontrastieren zwei diametral entgegengesetzte Orte, einen guten und einen schlechten, einen glücklichen und einen unglücklichen Ort. So beschreibt etwa Platon im Schlussmythos seines Dialogs *Politeia* (Der Staat, 613e ff.) die Wanderung der Seelen nach dem Tod des Körpers zu dem Ort, der als Belohnung oder Strafe für sie vorgesehen ist, je nachdem, wie sie sich im irdischen Leben bewährt haben. Es gibt zwei endgültige Aufenthaltsorte: für die guten Seelen die Insel der Seligen oberhalb des Uranos, für die durch und durch verdorbenen den Tartaros im Erdinneren. Während die guten Seelen in den Genuss des Umgangs mit den Göttern gelangen und eines unüberbietbaren Glücks teilhaftig werden, erleiden die verdorbenen Seelen unsägliche Qualen, von denen es keine Erlösung gibt.

Die weitaus grösste Zahl der Seelen jedoch hatte Anteil an einem gemischten Leben, guten und schlechten Taten. Sie müssen sich wieder verkörpern und mit einem neuen Lebensentwurf noch einmal ihr Glück versuchen. Nur wenn es ihnen gelingt, sich durch ein anständiges Leben um ihr Glück verdient zu machen, bekommen sie noch einmal die Chance, nach dem Tod auf die Inseln der Seligen zu gelangen und dort in alle Ewigkeit zu bleiben.

Die christliche Version von Himmel und Hölle als Aufenthaltsorte für die Guten einerseits, die Verdammten andererseits klingt ähnlich. Und auch hier gibt es einen mittleren Ort, das Fegefeuer, in dem man durch Reue von seinen schlechten Handlungen Abstand nehmen und sich von seinen Sünden reinigen kann. Dies wäre allerdings eine spirituelle, keine leibliche Wiedergeburt der Seele.

Der Topos der Insel der Glückseligkeit und der Mythos des Paradieses, die von einem unüberbietbaren Glücksort der Menschen erzählen, kehren wieder in den Utopien. Während in den klassischen Utopien der Renaissance Modelle einer idealen Gesellschaft entwickelt wurden, deren Ziel ein friedliches Zusammenleben aller Mitglieder der Gemeinschaft ist, geht es in den schwarzen Utopien des 20. Jahrhunderts um die Herstellung des grössten Glücks der grössten Zahl. Gemeinsam ist beiden utopischen Projektarten der empirische Befund, dass die Menschheit auf ihren Untergang zusteuert, weil die sich zusehends verschlimmernde Lebenssituation die Mehrheit der Erdenbewohner ins Unglück stürzt.

Nun wird durch das Wort *Utopie* bereits signalisiert, dass der beschriebene Glücksort faktisch *nicht* existiert. U-Topos bedeutet so viel wie: kein Ort, nirgends. Zwar geben vage Andeutungen geographische Hinweise auf eine Insel in einem fernen Ozean, wo der angepriesene Idealstaat angeblich verwirklicht ist, aber in der Realität gibt es ihn nicht, er dient vorab nur als Vorbild, nach dem die bestehenden Staaten umgebaut werden sollen. Der Unterschied zwischen den klassischen und den modernen Utopien besteht in den Methoden zur Neugestaltung der Staaten mit dem Ziel einer Verwandlung der Erde insgesamt in einen Glücksort. In den Utopien der Renaissance setzt man auf die Erziehung der Bürgerinnen und Bürger zur Tugend, in den modernen Utopien auf Verbesserung des Menschenmaterials durch genetische Eingriffe und soziale Manipulationen. Der Preis für das Gelingen des jeweiligen Glücks-Projekts ist in beiden Fällen die Eliminierung individueller Freiheit.

In Thomas Morus' *Utopia* betrachtet man die Lust als «Endzweck und das eigentliche Glück» (Utopia, 72). Schaut man jedoch genauer hin, so beziehen sich die Wörter *Lust* und *Glück* auf das soziale Gesamtwohl, nicht jedoch auf die Empfindungen des Einzelnen. Dessen Wohlverhalten wird erzwungen durch rigide Verhaltensregeln, die verhindern sollen, dass die eigene Befindlichkeit zum Massstab des Handelns erhoben wird. Die Abrichtung zur Tugend, zur Gemeinschaftstauglichkeit, wird unterstützt durch die äussere Zurschaustellung strikter Gleichheit. Alle tragen unterschiedslos die gleichen schlichten Kleider, nehmen ihre Mahlzeiten in öffentlichen Speisehäusern ein, haben keinerlei Eigentum und keine Privatsphäre. Niemand wird bevorzugt oder benachteiligt, ganz gleich, welche Funktion er im Staat ausübt. Da fast alle Verrichtungen öffentlich geschehen und damit der Kontrolle der Mitbürger ausgesetzt sind, hat der Einzelne als Einzelner gar keine Möglichkeit, persönliche Interessen und Neigungen zu entwickeln, die möglicherweise auf ein anderes Glück abzielen als das vom Staat vorgeschriebene Sozialwohl. Das Ich wird vollständig vereinnahmt durch das Wir.

Francis Bacons Utopie *Nova Atlantis* ist auf einer Insel namens Bensalem angesiedelt. Die Mitglieder dieses Staates leben, so heisst es, als «fast unbekanntes Volk im Schoße Gottes» (Utopie, 215), was bereits darauf hinweist, dass es sich um eine religiöse Gemeinschaft handelt. Dieses angeblich «glücklichste aller Länder» (ebd., 184) verdankt sein Wohlergehen einerseits – wie bei Thomas Morus – der Tugendhaftigkeit seiner Bürger, andererseits seinen Regenten, die sich als das *Haus Salomons* bezeichnen oder als das *Kollegium der Werke der sechs Tage*. Dieser religiöse Orden besteht aus Männern, die sowohl Priester als auch Wissenschaftler sind. Sie kümmern sich um das Glück der Bürger in doppelter Hinsicht: Zum einen fördern sie das Sozialwohl durch Regeln, die den Untertanen strikten Gehorsam abverlangen, der mit der Verleihung von Ehrengaben belohnt wird. Zum anderen sorgen sie durch wissenschaftliche Forschung und technische Errungenschaften für Fortschritte, die das Leben erleichtern.

Auch in dieser Zweiklassengesellschaft hat der Einzelne keine Möglichkeit, eigene Glücksvorstellungen zu entwickeln und die staatlich vorgegebenen Handlungsanweisungen hinsichtlich ihrer Berechtigung zu überprüfen. Das Individuum hat an und für sich selber keinen Wert, es zählt nur als Gattungsexemplar hinsichtlich seines sozialen Nutzens. Nicht einmal die Mitglieder des Ordens haben ein persönliches Profil. Sie verstehen sich als Instrumente Gottes, in dessen Auftrag sie die Natur und das Weltall erforschen, um die Ergebnisse zum Besten der Gemeinschaft anzuwenden.

In den Utopien des 20. Jahrhunderts setzt man nicht mehr auf die Erziehung zur Tugend, um das kollektive Glück zu gewährleisten. Die Erfahrung hat gelehrt, dass selbst die Ausübung von Zwang zur Einhaltung allgemein verbindlicher Regeln das individuelle Freiheitsbedürfnis nicht gänzlich zu unterdrücken vermag, so dass Einzelne die Mitmenschen mit ihren Glücksvisionen anstecken und das reibungslose Funktionieren des Sozialverbands sabotieren können. Um auch den letzten Rest individueller Freiheit auszumerzen, lässt Aldous Huxley in seiner Utopie *Schöne neue Welt* die künftigen Mitglieder der Weltgesellschaft in Retorten herstellen und nach deren Entkorkung einem rigiden Verhaltenstraining unterziehen, das ihnen ihre künftige Funktion buchstäblich auf den Leib und in die Seele schreibt.

Die Menschen werden je nach Bedarf künstlich erzeugt und im Hinblick auf ihre künftigen Aufgaben programmiert, wobei die Skala von den hochintelligenten Alphas, die für Wissenschaft und Technik vorgesehen sind, bis hin zu den schwachsinnigen Epsilons reicht, die als Fabrikbelegschaft oder als Polizeitruppe ihren Beitrag zum Allgemeinwohl leisten. «Jeder ist heutzutage glücklich», verkündet der Weltaufsichtsrat (Schöne neue Welt, 76), dabei handle es sich keineswegs um ein flüchtiges Glück, sondern um «ein Glück, das alle Tage anhält» (ebd., 119). Die Stabilität dieses Glücks verdankt sich in erster Linie der Tatsache, dass alle Bürgerinnen und Bürger ohne jede Ausnahme Sklaven ihrer Normierung sind. Sie stellen fest, wie bequem es ist, dass sie – jeder für sich –, lebenslang wie auf Schienen fahren und keinerlei Weichen stellen müssen. Ein weiterer Pluspunkt für ein dauerhaftes Glück besteht darin, dass es trotz der Klassenunterschiede keinen Grund für Unzufriedenheit gibt, weil den Zugehörigen jeder Klasse in den Normierungsprozessen ein Selbstbewusstsein eingeimpft wird, das sie stolz macht, gerade durch ihre spezielle Tätigkeit das Allgemeinwohl zu fördern.

Das Glück der Mitglieder des Staates hat sein Fundament in der Gleichheit aller. Niemand wird unzulässig bevorzugt oder benachteiligt. Sie alle sind künstlich erzeugt worden, ohne Eltern aufgewachsen und sterben an ihrem 60. Geburtstag. Sie kennen von Kind an den Tag ihres Todes, an dem die euphorisierende Droge Soma sie glücklich ins Jenseits befördern wird, und entsprechend angstfrei denken sie an ihr Ende. Sie konnten ein konfliktfreies, friedliches, erfülltes Leben im Dienst der Allgemeinheit führen. Dabei haben sie nichts verpasst und alles, was sie begehrten, bekommen. Ein anderes, vielleicht grösseres als dieses ihnen suggerierte Glück ist für sie nicht vorstellbar.

Die utopischen Glücksorte sind aus unserer heutigen Sicht eher Un-Orte, ja Unglücksorte, ganz gleich, ob man die klassischen oder die modernen Utopien heranzieht. Für uns, die wir im Zuge der Aufklärung Individualismus und Pluralismus als Errungenschaften der Freiheit hoch schätzen, sind die geschilderten Lebensformen mit erheblichen Glückseinbussen verbunden. Zwar wünschen auch wir uns angesichts der schlimmen Zustände, die Millionen von Menschen um Leib und Leben fürchten lassen, eine friedliche Weltgesellschaft, in der alle miteinander kooperieren, anstatt danach zu trachten, sich gegenseitig umzubringen: aus Hass, aus Neid, aus ideologischen und rassistischen Gründen. Doch wenn eine solche Weltgesellschaft erkauft ist mit dem Glück der Individuen, die um des kollektiven Glücks willen ihres Selbstbestimmungsrechts und damit ihrer Entscheidungsfreiheit beraubt sind, wird die Erde als unser Lebensraum zu einem Un-Ort, weil der Köder des kollektiven Glücks nicht über den Verlust der persönlichen Freiheit hinwegzutäuschen vermag.

Abseits grossräumiger Glücksutopien finden sich bescheidenere, kleine Glücksorte, die gleichwohl ein intensives Glück vermitteln können. Der Pferderücken zum Beispiel kann für passionierte Reiter ein Glücksort sein: Das Glück liegt nämlich – vorzugsweise in Grossbritannien, aber nicht nur dort – auf dem Rücken der Pferde, wie es sprichwörtlich heisst. Dies erst recht, wenn es als Fluchtinstrument begehrt wird, wie von Richard III., der ein Königreich für ein Pferd anbot, um glücklich zu entkommen. Ein anderer kleiner Glücksort ist der Winkel, in dem man beschaulich und ungestört ein zufriedenes Leben führen kann. Manche bezeichnen das Glück im stillen oder trauten Winkel allerdings als Spiesserglück und geben einem abenteuerlichen Leben den Vorzug, auch wenn es mehr Risiko und damit jederzeit die Möglichkeit von Unglück in sich birgt.

Ein letzter Glücksort, der sich jedoch einer genauen Bestimmung entzieht, muss noch erwähnt werden. Er gehört eigentlich zu den mythologischen Glücksvorstellungen, nimmt aber eine Sonderstellung unter ihnen ein. Es geht um die Göttin Fortuna, die ihr mit Glücksgütern aller Art bestücktes Füllhorn über den Menschen auszuleeren pflegt. Da sie dies jedoch nicht nach Absicht und Verdienst, sondern völlig willkürlich tut, kennt man nicht im Voraus den Ort, an den man sich begeben muss, um zu den Begünstigten zu gehören. Fortuna öffnet ihr Füllhorn, wann es ihr gefällt, und so ist es blosser Zufall, ob jemand sich gerade dort befindet, wo sich ihr Segen ergiesst. Deshalb meinen wir auch, wenn wir sagen, wir hätten Glück *gehabt*, dass es reiner Zufall war, dem wir es verdanken. Die Redeweise, dass das Schicksal es gut mit uns gemeint habe, führt schon in die Irre, weil damit unterstellt wird, irgendeine Instanz hätte sich persönlich um mein besonderes Wohlergehen gekümmert.

Das Fortuna-Glück ist ein vagabundierendes Glück, auf das man sich nicht verlassen kann und das man deshalb auch nicht suchen, sondern allenfalls erhoffen kann. Wenn es einem zufällt, freut man sich, aber das eigentliche Glück hängt dann davon ab, wie man etwa mit einem Lottogewinn umgeht oder welche Konsequenzen man aus einer Katastrophe zieht, der man glücklich entronnen ist.

Nachdem das Glück in verschiedenen Dimensionen des Raums verortet wurde: empirisch, geographisch mythologisch, utopisch, darf ein Blick auf die Zeit nicht fehlen, die für das Glücksempfinden eine nicht unerhebliche Rolle spielt. Schon die Sprichwörter halten fest, dass für einen glücklichen Menschen die Zeit gleichsam stillsteht. «Die Uhr schlägt keinem Glücklichen» oder «Dem Glücklichen schlägt keine Stunde» sind Redensarten, die einen Zustand des Aus-der-Zeit-gefallen-Seins beschreiben. Dass wir endliche, vergängliche Wesen sind, die Raum-Zeit-Bedingungen unterworfen sind, spielt dann keine Rolle mehr. Ein Hauch von Unsterblichkeit scheint den Glücklichen immun zu machen gegen Zerfallsprozesse aller Art.

Aber auch diese der Zeit enthobenen Glücksphasen haben ein Ende. Der Alltag mit all seinen unglücklich machenden Zumutungen holt uns wieder zurück in die Zeit. Doch die Erinnerung an das erlebte Glück weckt die Sehnsucht nach einem dauerhaften Glück, nach einer *ewigen* Seligkeit. Von einer ewigen Dauer des Glücks erzählen auch die Märchen. Viele davon schliessen mit dem Satz: «Und sie lebten glücklich bis ans Ende ihrer Tage.» Das vorangegangene Leben war geprägt durch viel Unglück, Schmerz und Leid. Dafür soll nun im künftigen Leben kein Platz mehr sein, vorausgesetzt es gelingt, dem Happy End eine Fortsetzung in der noch verbleibenden Lebenszeit zu verschaffen.

Es bleibt die Frage, was mit Ewigkeit gemeint ist. Was wäre ein ewiges Glück, im Unterschied zum zeitlich begrenzten Glück? Wollen wir wirklich ununterbrochen glücklich sein? Wunschlos glücklich zu sein, scheint für Menschen als raumzeitlich existierende Lebewesen nicht erstrebenswert, weil dies einen Stillstand bedeutete. Es fehlte jeglicher Anreiz, sich weiterzuentwickeln. Auch ewige Seligkeit ist nicht erstrebenswert; denn auch damit wird ein Dauerzustand assoziiert, den zu verlassen kein Bedürfnis mehr besteht. Wunschloses Glück und ewige Seligkeit können keine Letztziele sein, da sie die Zeit ausblenden. Zwar zehren wir von glücklichen Augenblicken und wollen möglichst viele davon erleben, indem wir in bunter Reihenfolge unsere Glücksorte aktivieren. Doch wir brauchen auch die Zeit dazwischen, um uns zu besinnen und neue Ziele ins Auge zu fassen, von denen wir uns voller Vorfreude und Glückserwartung eine Bereicherung erhoffen.

Träume von einer gerechteren Welt

Utopien haben keine Konjunktur, dafür gibt es verschiedene Gründe. Die klassischen Utopien eines Thomas Morus oder eines Tommaso Campanella propagieren eine ideale Einheitsgesellschaft, die sich auf einer entlegenen Insel, abgeschnitten vom Rest der Welt, problemlos etablieren mag, im Zeitalter weltumspannender Kommunikation jedoch auf wenig Akzeptanz stösst, zumal die heute vor allem im Westen für unverzichtbar gehaltenen Werte Individualität und Pluralität eine rigorose Unterordnung des Ich unter das Wir erschweren. Die letzte grosse Utopie, das von Karl Marx entwickelte Modell eines Reichs der Freiheit nach dem Untergang des Kapitalismus, gilt als gescheitert, weil sich Kommunismus und Sozialismus unter Realitätsbedingungen in ihr Gegenteil verkehrt haben. Durchgesetzt hat sich stattdessen ein ökonomischer Darwinismus, der das *Homo-sapiens*-Ideal auf den Typus des *Homo oeconomicus* reduziert und unter Fortschritt maximale Profitsteigerung versteht.

Am nachhaltigsten haben die Anti-Utopien des 20. Jahrhunderts gewirkt, weil sie in ihren Endszenarien den Preis vorrechnen, der für eine reibungslos funktionierende Staatsmaschinerie zu bezahlen ist: unsere humanistischen Errungenschaften, insbesondere das Recht auf individuelle Selbstbestimmung. Auf der erkaltenden Erde werden die Menschen wieder zu Kannibalen (H. G. Wells in *Die Zeitmaschine*). Eine Weltgesellschaft, die ihre Mitglieder von der Retortenzüchtung bis zur Euthanasie lückenlos kontrolliert, lässt keine Abweichung von den staatlichen Normen, die mittels Zwangsmassnahmen in die Köpfe und Körper eingeschriebenen werden, mehr zu (A. Huxley in *Schöne neue Welt*). Eine aussterbende Weltbevölkerung verroht und löst die überhandnehmenden sozialen Probleme durch Einsatz polizeilicher Gewaltmittel (P. D. James in *Land der leeren Häuser*).

Utopien und Anti-Utopien sind phantasiegestützte Gedankenexperimente. Auf der Folie dessen, was wir *nicht* wollen, regen sie dazu an, Zukunftsentwürfe zu entwickeln, die eine Antwort auf die Frage versuchen, wie wir leben wollen – wenn weder eine Einheitsweltgesellschaft noch eine globale Diktatur der Ökonomie das Ziel unserer Träume ist; wenn weiterhin die Gefahren eines moralischen und kulturellen Niedergangs der Menschheit insgesamt abgewendet werden sollen.

Utopisches Denken kommt nicht nur in der Literatur vor, sondern bestimmt auch unser Alltagsverhalten. Die gewählte Lebensform ist mit Sinnzielen verbunden, die noch nicht verwirklicht sind und insofern «keinen Ort» (*u-topos*) haben ausser in der Vorstellung. Sie müssen allererst in die Wirklichkeit überführt werden und dort einen Lebensort (ein Bio-top) begründen. Da niemand als Robinson auf seiner Privatinsel lebt, sondern als Individuum unter anderen Individuen, müssen die vielen kleinen Biotope so platziert («verortet») werden, dass sie einander nicht ins Gehege kommen. Dies gelingt jedoch nur, wenn man sich über das Konzept eines grossen Biotops verständigt, in dem die kleinen Biotope einvernehmlich neben- und miteinander bestehen können.

Ein solches Gesamtkonzept fällt nicht vom Himmel, es muss ausgehandelt werden: am Leitfaden der demokratischen Grundrechte, die Freiheit und Gerechtigkeit als Prinzipien festschreiben. Die Konstruktion des grossen Biotops ist zwar Aufgabe der «Bio-Politiker» (Foucault), aber inspiriert sein sollte sie von den Individuen an der Basis, die sich darin einrichten und wohl fühlen wollen. Die gefühlte Lebensqualität kann kein von oben verordnetes Glück sein, wie es der utilitaristische Slogan vom grössten Glück der grössten Zahl propagiert. Glück ist vielmehr innig mit der eigenen Lebensleistung verflochten, mit dem gelingenden – im Ganzen ge-glückten – Lebensentwurf, dessen erfolgreiche Umsetzung sich jedoch kollektiven Bedingungen verdankt und damit jenen Freiräumen, die das gesellschaftliche Biotop gewährleistet.

Deshalb liegt es im Interesse jedes und jeder Einzelnen, immer auch generalistisch das grosse Ganze mitzubedenken und – sei es konstruktiv, sei es kritisch – an der Errichtung der Sinngrundlagen einer Weltgesellschaft mitzuwirken. Vorbild für eine solche Utopie ist nicht der Typus der klassischen Utopie, die ein nicht mehr optimierbares, endgültiges Modell favorisierte, sondern eher das Kunstwerk, ein Kunstwerk freilich, an dessen Gestaltung alle als Lebenskünstler mitwirken und das von Generation zu Generation den jeweiligen Bedürfnissen entsprechend ummodelliert wird. Eine solche flexible, für zukünftige Lebensformen offene Utopie ermöglicht eine Verknüpfung individueller und kollektiver Sinnansprüche zu einem Netzwerk, das einerseits Geborgenheit und Halt verspricht, andererseits Spielräume für die persönliche Selbstentfaltung eröffnet.

Dass man heute lieber von Zukunfts-Szenarien als von Utopien spricht, wenn es um Pläne oder Entwürfe geht, für deren Realisierung geworben wird, hat seinen Grund darin, dass Utopien unter dem Generalverdacht stehen, reine Wunschgebilde zu sein, denen jeglicher Realitätsgrad abgeht. «Das ist doch blosse Utopie», heisst es oft abschätzig von einem Projekt. Es lohne sich daher nicht, auch nur einen Gedanken daran zu verschwenden. Aber trifft das in jedem Fall zu?

Die klassischen Utopien waren im Unterschied etwa zu Science-Fiction-Romanen keine phantastischen Erzählungen über technische Wunderwerke, sondern Gesamtentwürfe einer idealen Gesellschaft, deren Mitglieder einvernehmlich miteinander verkehrten, ohne Streit, Gewalt und Krieg. Sie waren getragen von der Sehnsucht nach Gerechtigkeit und Frieden. Darin bestand auch das Ziel der marxistischen Utopie, die den Frieden auf das Prinzip sozialer Gerechtigkeit gründete und für eine Gesellschaft plädierte, in der alle Klassenunterschiede beseitigt sind. Was diese Utopie einer klassenlosen, nicht-hierarchischen Gesellschaft diskreditiert hat, sind deren unzulängliche Umsetzungen in der ehemaligen UdSSR, in der DDR, in Kuba, in China. Allerdings ist der Misserfolg in erster Linie nicht dem utopischen Konzept anzulasten, sondern den unzulänglichen Versuchen, es umzusetzen. Unter der Hand wurden lediglich die alten Machtverhältnisse mitsamt ihren Hierarchien restauriert, nur mit anderen Diktatoren an der Spitze, was im Widerspruch zu jenem Reich der Freiheit steht, das Karl Marx und Friedrich Engels vorgeschwebt hat. Utopien sollen Platzhalter der Freiheit sein. Und zwar besonders der individuellen Freiheit, die Vielfalt ermöglicht und Differenz zulässt. Utopien leisten dem Mainstream und sämtlichen Gleichschaltungsbemühungen Widerstand.

Ohne Utopien wäre unser Blick vollständig durch die Vergangenheit gefesselt. Wir könnten unsere Gegenwart nur rückwärtsgewandt gestalten in einem versteinerten Konservatismus. Alle Kreativität würde sich in der immer gleichen Ausmalung des Paradieses oder des Goldenen Zeitalters erschöpfen, mit dem unsere Geschichte angefangen haben soll. Doch letztlich ist auch dies schon eine Utopie, denn solche Anfänge sind nicht historisch dokumentiert, sondern in Form von Mythen überliefert, die von Generation zu Generation neu interpretiert und anders ausgeschmückt wurden. Sie regen die Phantasie an, ein dem jeweiligen Welt- und Menschenbild entsprechendes Paradies zu entwerfen und dessen Umsetzung in die Zukunft zu projizieren.

Beteiligt an diesem utopischen Projekt sind sämtliche menschlichen Erkenntniskräfte. Die Phantasie holt sich zum einen die fünf Sinne als Datenlieferanten zu Hilfe, des Weiteren den Verstand, der das Projekt aus rationaler Perspektive und gestützt auf die Erfahrung daraufhin prüft, ob und mit welchen Mitteln es realisierbar ist. Die Vernunft schliesslich evaluiert aus moralischer Perspektive die Ziele und Zwecke, die das utopische Konstrukt verfolgt. Auf einen kurzen Nenner gebracht: sinnliche Wahrnehmung, Verstand, Vernunft und Phantasie sind bestrebt, dem Wahren, Guten und Schönen in einem Gedankengebilde Geltung zu verschaffen, das es verdient, in die Wirklichkeit überführt zu werden.

Die Gestaltung der Zukunft mittels utopischer Entwürfe lässt sich vergleichen mit der Herstellung eines Kunstwerks. Ein Bildhauer, der vor einem unbehauenen Stein steht, braucht eine Idee, wie er dieses Material gestalten kann. Sein künstlerisch geschultes Auge sieht in dem Stein gleichsam das Endprodukt, einen Brunnen zum Beispiel oder eine Figur. Angesichts des Rohmaterials ist das in den Stein hinein- oder aus ihm herausgeschaute Endprodukt eine Utopie. Der Brunnen oder die Figur existiert vorerst nur in der Phantasie des Künstlers. Und die Vision, die er von dem behauenen Stein hat, richtet sich nach den Gegebenheiten des Materials. Als guter Bildhauer weiss er, dass er den Stein nicht beliebig formen kann, dass er dessen Beschaffenheit berücksichtigen muss, seine Äderung, seine Porösität usf. Sonst wird er den Stein, anstatt ihn zu gestalten, in Stücke zerschlagen, und der utopische Entwurf bleibt ein Nichtort.

Wie der Bildhauer einen Steinblock, so gestalten wir unser Leben. Wir fangen nicht in jedem Augenblick bei Null an, sondern die bereits abgelebte und verlebte Zeit, unsere jeweilige Geschichte, ist wie der Stein des Bildhauers das Material, das wir im Vorgriff auf den utopischen Gesamtentwurf unserer Zukunft bearbeiten wollen. Wir können daher nicht völlig neue oder ganz andere Menschen werden, sondern müssen unsere individuellen Besonderheiten beachten, die das Resultat dessen sind, was wir erlebt und erlitten haben. Dies alles geht ebenso ein in unsere Zukunftsprojekte wie unsere Sehnsüchte und Wünsche. Endgültig Bilanz ziehen, ob es uns gelungen ist, unser individuelles utopisches Profil zu verwirklichen, lässt sich erst am Lebensende. Aber das Kunstwerk Individuum ist ja ein *work in progress*, und wir können jederzeit wie der Bildhauer an seinem Stein an uns etwas abschleifen, glätten, Überstehendes wegschlagen, um der Mensch zu werden, als den wir uns entworfen haben. Manche Prozesse sind schmerzhaft, andere Eingriffe beglücken, weil durch sie etwas entstanden ist, das genau dem Ideal entspricht, das uns vorschwebte.

Utopisch betrachtet ist der Mensch ein Lebenskünstler. Und Lebenskunst gedeiht nur in einem kulturellen Rahmen. Denn unsere Lebensqualität speist sich wesentlich aus der Kreativität, der Einbildungskraft und Phantasie. Ohne Phantasie wäre die Welt, in der wir leben, fad und eintönig, ein reines Zweckgebilde ohne jenen ästhetischen Überschuss, der die Sinne anspricht und zum Erfinden neuer Welten anregt.

Es ist ein Irrtum zu glauben, man könnte das Leben ausschliesslich zweckrational auf dem Boden von Kosten-Nutzen-Erwägungen sinnvoll gestalten. Stellen wir uns doch für einen Moment eine Welt ohne Künstler, ohne Maler, Schriftsteller,

Komponisten, Dichter, Musiker, Filmemacher, Theaterleute und ohne die entsprechenden Kunstprodukte vor – unsere Kultur würde verarmen, geradezu verdorren. Das Wort *Kultur* stammt ja aus der Landwirtschaft. Um den Boden zu kultivieren und seine Fruchtbarkeit langfristig zu erhalten, versieht ihn der kluge Bauer mit der richtigen Nahrung, einem die Fruchtbarkeit des Bodens steigernden Dünger. Er wechselt beim Anbau gelegentlich die Frucht und schiebt hin und wieder eine Brache ein, damit der Boden sich erholt und weiterhin qualitativ hochrangige Ernteerträge abwirft. Diese Sorgfalt und Vielfalt sind auch für die menschliche Kulturalisierung unverzichtbar. Eine Streichung der Kunst hätte ähnliche Folgen wie der ausschliessliche Anbau von Kartoffeln oder Weizen. Eine solche Monokultur bewirkt, dass der Boden am Ende nichts anderes mehr hervorbringen kann als diese eine Sorte, so wie der Mensch mangels Utopien nicht mehr fähig wäre, sein Leben anders als aus der Kosten-Nutzen-Perspektive zu sehen. Kreative Köpfe wachsen nur auf einem mit Phantasie gedüngten Boden. Deshalb sind wir mehr denn je auf das utopische Potential der Einbildungskraft angewiesen, um unsere ökonomistische Monokultur aufzubrechen. Sie hält uns den Spiegel unserer bornierten Sichtweise vor und erzeugt Visionen und Utopien, die uns die Welt anders sehen lassen.

Die klassische Utopie ist ein geschichtsloser Entwurf. Sobald sie eins zu eins umgesetzt ist, spielen Vergangenheit und Zukunft keine Rolle mehr. Die schlechte Vergangenheit ist als in sich abgeschlossene Vorstufe zum Idealzustand ein für allemal überwunden, und die Zukunft, die in vorutopischen Zeiten als Reservoir von Möglichkeiten für die Optimierung der bestehenden Verhältnisse diente, ist überflüssig geworden, weil das Optimum erreicht ist. Der Zeitmodus der klassischen Utopie ist die ewige Gegenwart, in welcher die Unterscheidung zwischen einem Vorher und Nachher sich erübrigt, weil es in einem perfekten Kontinuum keine Unterschiede mehr gibt.

Klassische Utopien heben demnach das Werden auf zugunsten statischen Seins. Dadurch wird das Existieren auf die lebenslange Umsetzung feststehender Zielvorgaben reduziert. Dies hat jedoch einschneidende Folgen für die Menschen. Verkürzt um die Dimension der Freiheit individueller Selbstbestimmung, haben sie lediglich die Funktion von Erfüllungsgehilfen für die Aufrechterhaltung des Idealzustands. Aus der utopischen Perspektive ist diese Verkürzung deshalb nötig, weil gerade die Freiheit, die in vorutopischen Zeiten von den Individuen im Zusammenhang mit ihrem Selbstbestimmungsrecht beansprucht wurde, zu zwischenmenschlichen Konflikten geführt hatte, die nur gewaltsam lösbar waren und das Ideal einer befriedeten Menschheit unmöglich machten. Aus der Perspektive klassischen utopischen Denkens ist somit das Ideal einer vollkommen gerechten Gesellschaft mit dem Freiheitsbegehren selbstbestimmt und eigenverantwortlich existierender Individuen nicht vereinbar.

Dies legt bereits eine der ältesten abendländischen Utopien nahe, wie sie Platon in seinem Werk *Politeia* (*Der Staat*) entwickelt hat. Unter allen Möglichkeiten eines Kollektivs hielt Platon einen Drei-Stände-Staat für die beste Lösung. Er stützte seine Annahme auf folgende Voraussetzung: Ein Staatswesen besteht aus Individuen und funktioniert nur optimal, wenn es wie ein grosses Individuum konstruiert wird. Im Individuum lassen sich drei Antriebskräfte ausmachen, die ihren Sitz in der Seele haben und als Tugenden unterschiedliche Körperregionen regieren. Während den *Kopf* der Wunsch nach Weisheit antreibt, bewährt sich das *Herz* durch mutige Einsätze, und *Bauch und Hand* schliesslich verhalten sich besonnen, indem sie zu einer massvollen bzw. angemessenen Befriedigung der Bedürfnisse verhelfen. Die Gerechtigkeit als vierte Kardinaltugend neben

Weisheit, Tapferkeit und Besonnenheit sorgt dafür, dass jede Antriebskraft sich auf ihre jeweilige Körperregion beschränkt und keine unzulässigen Übergriffe auf die Kompetenzbereiche der anderen Regionen unternimmt, damit der gesamte Organismus im Gleichgewicht bleibt.

Der Staat als grosser Organismus «lebt» in Platons Modell wie ein menschlicher Körper. Die weisen Kopfmenschen (die «Archonten» oder «Philosophenkönige») führen die Regierungsgeschäfte, die tapferen Herzmenschen (Militär) verteidigen die Stadt, und die besonnenen Bauchmenschen (Bauern und Handwerker) sind zuständig für die Ernährung und den Lebensunterhalt. Jede dieser drei Gruppierungen hat ihr eigenes Standesethos auf der Basis des Gerechtigkeitsprinzips, das jedes Mitglied dazu verpflichtet, auf bestmögliche Weise das Seine zu tun und damit dem Gesamtwohl zu dienen, von dem alle angemessen profitieren. In Platons Idealstaat wird niemand aufgrund seiner Herkunft privilegiert oder diskriminiert, weil von Anfang an Chancengleichheit gewährleistet ist. Alle Kinder erhalten die gleiche Bildung, bis sich zeigt, ob ihre Naturanlagen eher zur Weisheit, zur Tapferkeit oder zur Besonnenheit tendieren. Dann erst erfolgt die Spezialausbildung, die sie auf ihre Tätigkeit in einem der drei Stände vorbereitet.

Geld, Reichtum oder Privatbesitz spielt im platonischen Staatsmodell keine Rolle, weil die von allen internalisierte Tugend der Gerechtigkeit keine Privilegien zulässt, durch welche eine Gruppierung den anderen vorgezogen und damit zu deren Benachteiligung führen würde. Da die Polis selbstgenügsam ist und keine überschüssigen Ressourcen anhäuft, kann es keinen Streit um Besitztümer geben. Und da niemand Mangel leidet, gibt es auch keinen Grund für Neid. Geld wird dadurch überflüssig, weil der Ausgleich von Waren, Gütern und Dienstleistungen, die von den drei Ständen produziert und erbracht werden, auf der Basis der Spezialtugenden erfolgt, die ihrerseits durch die allen gemeinsame Tugend der Gerechtigkeit vernetzt sind. So bietet zum Beispiel das Militär den beiden anderen Ständen Schutz vor kriegerischen Angriffen und erhält dafür ein optimal strukturiertes Sozialwesen sowie die zum Lebensunterhalt benötigten Nahrungsmittel und Gerätschaften.

Es scheint also alles bestens zu funktionieren in Platons idealem Staatsmodell. Das Problem ist jedoch, dass es keine Demokratie favorisiert, sondern alle Macht in die Hände einer Elite legt, die über das Gemeinwohl entscheidet und den beiden anderen Ständen kein Mitspracherecht einräumt. Nur in ihren speziellen Ressorts – im Militärwesen einerseits, in der Wirtschaft andererseits – dürfen sie aufgrund ihrer Fachkompetenz mitbestimmen, nicht jedoch über die Struktur des Ganzen.

Dies zementiert eine fundamentale Ungleichheit unter den Mitgliedern des Staates, die sich jederzeit dagegen zur Wehr setzen könnten. In einer kleinen Fabel von George Orwell, dem Autor des Zukunftsromans *1984*, wird dies anschaulich beschrieben. *Die Farm der Tiere* (*Animal Farm*, 1940), eine Satire auf den Kommunismus, ist aufschlussreich für die Zwiespältigkeit, die das Gleichheitsprinzip in uns hervorruft. Wir finden nämlich nicht jede Art von Gleichheit erstrebenswert, so wie wir auch nicht alle Ungleichheiten als ungerecht erachten. Die Ablehnung etwa von Gleichmacherei, wie sie in manchen kommunistischen Modellen gepriesen wird, ist ein Indiz dafür, dass wir eine Lebensform, die keine Unterschiede zulässt, sondern alles Individuelle auf ein gleichförmiges Mass zurechtstutzt, nicht schätzen. Auch das Plädoyer für Pluralismus bekundet ein Interesse an Vielfalt, an Unterschieden, an Ungleichheit. Aber wodurch wird dann das Streben nach Gleichheit auf der Menschenrechtsebene immer wieder sabotiert?

Orwells Satire berichtet, dass die Tiere auf einem Bauernhof eines Tages einen Aufstand machen. Nachdem sie die Menschen vertrieben haben, wollen sie alle Herrschaftsverhältnisse abschaffen und demokratische Zustände herstellen, in welchen allen Tieren das gleiche Recht auf Freiheit zuerkannt wird. Sie bewirtschaften die Farm gemeinsam aus eigener Kraft – unter Führung der Schweine, die als die klügsten Tiere galten. Eine Zeitlang funktioniert der Zusammenhalt, doch dann verlieren die revolutionären Ideale Freiheit, Gleichheit und Brüderlichkeit in einem schleichenden Prozess ihre Kraft, bis sich am Ende wieder die alten repressiven Strukturen durchsetzen.

Die Schweine gehen plötzlich aufrecht auf zwei Beinen. Der kämpferische Slogan, mit dem die Revolution begonnen hatte: «Vier Beine gut – zwei Beine schlecht», verwandelt sich im Handumdrehen in sein Gegenteil: «Vier Beine gut – zwei Beine besser». Am Ende bleibt die angestrebte klassenlose Gesellschaft auf der Strecke unter der gnadenlosen Diktatur des Schweins Napoleon, das den Tieren das Futter rationiert und mit Hilfe seiner Polizeihunde die vertrottelte, von der Obrigkeit ausgegebene Staatsparolen dumm nachblökende Schafherde in Schach hält.

Eine Gesellschaft gleichberechtigter Individuen zu etablieren, scheint ein schwieriges Unterfangen zu sein, weil das Recht auf gleiche Freiheit aller Individuen stets durch Machtinteressen korrumpierbar ist. In *Farm der Tiere* zeigt sich dies durch das Unterlaufen des Gleichheitsprinzips. Zuerst wurde verkündet: *All animals are equal*, doch schon bald wurde hinzugefügt: *but some are more equal than others*. Die Absurdität dieses Ausspruchs liegt darin, dass damit unterstellt wird, man könne «gleich» steigern; unter den gleichen Individuen seien einige gleicher als andere. Es wird also, um die eigenen Herrschaftsansprüche zu rechtfertigen, so getan, als ob Gleichheit eine empirische Eigenschaft sei, die stärker oder schwächer ausgeprägt sein kann.

Dies gilt jedoch nicht für Werte und Normen, durch die nicht etwas *be*schrieben, sondern etwas *vor*geschrieben wird.

Postulate wie Freiheit, Gleichheit, Gerechtigkeit fordern etwas Qualitatives, das sich nicht quantifizieren lässt. Die Rede, dass einige gleicher, freier, gerechter seien als andere, ist daher irreführend, denn man ist entweder gleich frei und gerecht, oder man ist es nicht. Wenn wir dennoch sagen, es solle in der Welt gerechter und insgesamt menschlicher zugehen, so bedeutet dies nicht, das Qualitative des mit Gerechtigkeit und Menschlichkeit Gemeinten solle in den individuellen Handlungen intensiviert werden, sondern eine grössere Anzahl von Menschen solle in der Praxis die Prinzipien Gerechtigkeit und Menschlichkeit befolgen.

Man kann normative Gehalte und Werte nicht steigern. Aber man kann Bedingungen schaffen, unter denen mehr Menschen dazu gebracht werden, Freiheit, Gleichheit und Gerechtigkeit als Menschenrechte zu achten und diese Prinzipien ihren Handlungen als allgemein verbindlichen Massstab zugrunde zu legen. Das Recht auf Gleichheit steht menschlichen Individuen unverbrüchlich zu. Es ist ein fundamentales Recht, dessen Preisgabe einem Verzicht auf Humanität gleichkäme, wenn Humanität in der freien Selbstbestimmung von Individuen besteht, die einander wechselseitig ihre Freiheit bestätigen. Voraussetzung dafür ist die Anerkennung der Mitmenschen als gleichwertige Personen, die man als solche nicht für eigene Zwecke missbrauchen darf.

Das ungelöste Problem, auf das Orwells kleine Fabel aufmerksam macht, ist die Frage, wie sich verhindern lässt, dass die Abschaffung ungerechter Zustände die Entstehung neuer Ungerechtigkeiten nach sich zieht. Wenn jede Revolte darin mündet, dass nur eine Umkehrung der Verhältnisse stattfindet, durch welche die zuvor Privilegierten zu Benachteiligten werden, während die zuvor Benachteiligten in den Genuss von Vorteilen gelangen, die ihnen bisher verwehrt waren – wenn also Gerechtigkeit nur um den Preis neuer Ungerechtigkeit zu haben ist, dann ist fraglich, ob es überhaupt Sinn macht, von Gerechtigkeit zu träumen.

Wie man es utopisch auch dreht und wendet: Entweder bleibt die Freiheit auf der Strecke, damit es für jedermann gerecht zugeht. Oder die Gerechtigkeit bleibt auf der Strecke, damit die Freiheit der Individuen gewährleistet ist. Der Fehler dabei liegt darin, dass Unterschiede bewertet werden, was stets zu Hierarchien führt, in denen diejenigen, die sich als die Höherrangigen ausgeben, das Recht beanspruchen, den anderen Vorschriften zu machen, wie sie ihr Leben gestalten sollen. Dennoch ermöglicht utopisches Denken einen anderen Blick auf die Wirklichkeit. Dass Utopien keinen Nutzen für das Leben haben, kann nur ein Kulturbanause meinen – ein Mensch, der infolge seines Tunnelblicks bloss das als nützlich erachtet, was ihm einen Vorteil verschafft, und entsprechend Zukunftsentwürfe der Phantasie für Zeit- und Geldverschwendung hält. Verbindet man das Wort *Nutzen* jedoch mit der Vorstellung einer nicht monetären Bereicherung des Lebens insgesamt, dann sind Utopien von unschätzbarem Nutzen für uns alle. Sie lehren uns die Dinge mit den Augen unserer Phantasie zu betrachten, spielerisch und offen für Visionen und Gedankenexperimente, die zu einer Um- und Neugestaltung des Bestehenden verführen.

Utopische Konstrukte einer friedlich miteinander verkehrenden Weltgesellschaft zu entwickeln und für solche Modelle als universale Zielvorgabe zu werben, ist eine bleibende Aufgabe von Ethik und Politik. Man sollte die Anziehungskraft von Idealen nicht unterschätzen. Freilich genügt das allein nicht. Die Verantwortung, die wir für die allen gemeinsame Würde tragen, erschöpft sich nicht in einem noch so leidenschaftlich vorgebrachten Appell an die globale Handlungsgemeinschaft, die auf der Menschenwürde fussenden Menschenrechte zu achten. Es bedarf vielmehr zusätzlich vehementer Kritik an eklatanten Menschenrechtsverletzungen, ganz gleich ob man sie im persönlichen Umfeld, in Politik oder Wirtschaft oder an entlegenen Orten ausmacht. Der Protest signalisiert das Nichteinverstandensein mit Verstössen gegen die Menschenwürde, und die Leidenschaft, mit der man protestiert, artikuliert den Schmerz, den man mit den Gedemütigten, Unterdrückten, Gefolterten teilt.

Kritik und Protest sind ethisch sanktionierte Instrumente gegen Gewalt. Allerdings stehen der Ethik im Unterschied zum Recht, das bei Verbrechen gegen die Menschheit bzw. die Menschlichkeit Strafsanktionen gegen die Täter verhängen kann, solche Massnahmen nicht zur Verfügung. Zwar kennt auch die Moral Sanktionen: Man kann bei Normverstössen jemanden zur Rede stellen, ihm seine Tat vor Augen halten, ihn mit Verachtung strafen oder den Umgang mit ihm einstellen. Aber man kann ihn in der Regel nicht rechtlich belangen und bestrafen. Menschenrechtsverletzungen jedoch können eingeklagt werden. Kritik und Protest zielen dann darauf ab, dass Verstösse nicht nur moralisch geächtet, sondern auch rechtlich geahndet werden.

Trotzdem bleibt es letztlich unbegreiflich, warum etwas so Selbstverständliches wie die Menschenrechte ständig auf dem Prüfstand steht. Denn eigentlich kann doch kein klar denkender Mensch daran zweifeln, dass alle Menschen als solche gleich-wertig sind und dass diese Gleichwertigkeit eben jenen ethischen Wert in Erinnerung ruft, den wir als Menschenwürde bezeichnen. Dieser Wert legitimiert die Menschenrechte, die ihrerseits die Menschenwürde als eine vom Menschsein unabtrennbare Qualität bestätigen – eine Qualität, die «über allen Preis erhaben» (Kant) und unantastbar ist. Menschenwürde kann demnach keinem Menschen, wie beschädigt er in körperlicher oder geistiger Hinsicht und wie verdorben er in moralischer Hinsicht auch sein mag, aberkannt werden.

Dass die Menschenwürde gleichwohl ständig angetastet wird, belegen die zahllosen Menschenrechtsverletzungen. Aber diese Tatsache setzt die universale Gültigkeit der Menschenrechte nicht ausser Kraft und ist daher kein Grund, sich nicht einzumischen, in der Meinung, Ethik könne sich nicht durchsetzen. Aber auch das Recht hat keine Möglichkeit, Menschen zum Wohlverhalten zu zwingen. Hier wie da bleibt nur die Kraft von Argumenten, um jemanden davon zu überzeugen, dass er moralisch verpflichtet ist, Menschenrechtsverletzungen zu unterlassen bzw. sich dagegen zur Wehr zu setzen. Das Gerechtigkeitsempfinden ist die erfahrungsgestützte, überkulturelle anthropologische Basis für das mit Menschenwürde Gemeinte.

Wer Menschenrechtsverletzungen bagatellisiert und ihre universale Gültigkeit bestreitet, schiebt Kulturalisierungs- und Sozialisierungsprozesse als Grund für die Relativierung der Menschenrechte meistens nur vor, um schieres Machtstreben zu kaschieren. Brutalität und Terror, sanktioniert durch Tribalismus und Fundamentalismus, sind keine kulturspezifischen Phänomene, sondern überall in der Welt politisch motivierte Formen der Ausübung von Gewalt um des Machterhalts willen. Utopien sind ein wichtiges Instrument, um uns darüber klar zu werden, was wir im Hinblick auf die Gestaltung unserer Zukunft wollen – vor allem aber: was wir nicht wollen.

Literaturverzeichnis

Aristoteles: *Nikomachische Ethik*, Hamburg 1972.

– *Politik*, Hamburg 1980.

Austin, J. L.: *Zur Theorie der Sprechakte*, Stuttgart 1972.

Bacon, F.: *Neues Organon der Wissenschaften,* Hamburg 1962.

– «Neu-Atlantis», in: *Der utopische Staat*, Reinbek 1960, 171–215.

Camus, A.: *Der Mythos des Sisyphos. Ein Essay über das Absurde*, Reinbek 2000.

– *Der Mensch in der Revolte*, Reinbek 1953.

Dawkins, R.: *Das egoistische Gen*, Berlin 1978.

Descartes, R.: *Meditationen über die Grundlagen der Philosophie*, Hamburg 1977.

Epikur: *Epikuros in Diogenes Laertius: Leben und Meinungen berühmter Philosophen*, Hamburg 1967, 118–135 (10. Buch).

Foucault, M.: *Die Geburt der Biopolitik*, Frankfurt/M. 2006.

Gert, V.: *Die Bettlerbar von New York*, Göttingen 2012.

Goethe, J. W. v.: *Werke*, 6 Bde., Jubiläumsausgabe, Darmstadt 1998.

– Gedichte (Bd. 1).

– Faust (Bd. 3).

Habermas, J.: *Theorie des kommunikativen Handelns*, 2 Bde., Frankfurt/M. 1981.

Herder, J. G.: *Ideen zur Philosophie der Geschichte der Menschheit*, Frankfurt/M. 1961.

Huxley, A.: *Schöne neue Welt*, Frankfurt/M. 1978.

Irigaray, L.: *Speculum*, Frankfurt/M. 1980.

James, P. D.: *Im Land der leeren Häuser*, München 1993.

Kant, I.: *Kritik der reinen Vernunft*, Hamburg 1956.

– *Kritik der praktischen Vernunft*, Hamburg 1919.

– *Der Streit der Fakultäten*, in: *Werke in 10 Bänden* (Weischedel), Darmstadt 1964, Bd. 9, 261–393.

Kierkegaard, S.: *Die Krankheit zum Tode*, Düsseldorf 1957.

Leibniz, G. W.: *Metaphysische Abhandlung*, Hamburg 1958.

Mill, J. St.: *Der Utilitarismus*, Stuttgart 1976.

MacKinnon, C. A.: Feminism unmodified. Discourses of Life and Law, Cambridge/Mass. 1987.

Mittelstraß, J.: *Die Häuser des Wissens*, Frankfurt/M. 1998.

Morus, Th.: *Utopia*, in: *Der utopische Staat*, Reinbek 1960, 7–110.

Nietzsche, F.: *Sämtliche Werke. Kritische Studienausgabe in 15 Bänden* (KSA), München 1980.

– *Also sprach Zarathustra* (Bd. 4).

– *Die Fröhliche Wissenschaft* (in Bd. 3).

Orwell, G.: *Die Farm der Tiere*, Frankfurt/M. 1958.

Platon: *Sämtliche Werke*, 6 Bde., Reinbek 1982.

– *Apologie* (in Bd. 1).

– *Politeia* (in Bd. 3).

– *Theaitetos* (in Bd. 4).

– *Symposion* (in Bd. 2).

Sartre, J.-P.: «Ist der Existentialismus ein Humanismus?», in: *Drei Essays*, Frankfurt/M. 1983, 7–51.

Shakespeare: *Hamlet*.

Spinoza, B. de: *Die Ethik nach geometrischer Methode dargestellt*, Hamburg 1976.

Wells, H. G.: *Die Zeitmaschine*, Zürich 1974.

Wittgenstein, L.: *Philosophische Untersuchungen*, Frankfurt/M. 1980.